译文坐标

归我们!
未来经济社会的行动指南

Own This!
How Platform Cooperatives Help Workers
Build a Democratic Internet

〔德〕

特雷博尔·朔尔茨

|

著

胡雪婷

|

译

上海译文出版社

目 录

第一章　另一条路 1

第二章　数字经济中的劳动者
　　　　所有权 26

第三章　大规模团结 52

第四章　重新定义价值 87

第五章　韧性的根源：工会和
　　　　平台合作社 117

第六章　即将到来的数据民主
　　　　................................. 151

第七章　一封来自 2035 年的信：
　　　　已实现的社会愿景 ... 182

尾　声　如何创建平台合作社
　　　　................................. 205

致　谢／226

原　注／228

第一章　另一条路

德里克·翁甘西曾经是一名优步司机，后来成为了劳工活动家。几年前，他在开普敦国际机场迎接了我。年近花甲的翁甘西穿着一件牛仔衬衫，他声音洪亮、胡须浓密，看起来干脆利落。他向我讲述了优步司机在南非的困境。这些司机大都是外籍移民，他们将优步视为"恐怖平台"。在南非，优步司机一旦被"停工"（解雇），就是永久性停工，因此这个问题一直令人担忧。翁甘西为我提供了一些背景信息。2016 年 4 月，他领导一群南非的优步司机成立了优步司机行会（The Uber Drivers Guild）。当时，南非的一万名注册司机中有两千人加入。行会聘请了一支律师团队，对优步公司提起诉讼，主张优步司机应享有雇员身份。同时，这些"叛变"的司机还向一家公共工会寻求帮助。双方携手合作，力求打赢这场官司。司机们在一审中胜诉，却在二审中败诉。优步公司资金雄厚，能够聘请更多的律师打持久战，然而司机行会却已经负担不起了。大约在那个时候，翁甘西联系了我，请求我协助成立一个合作社，初步命名为"网约车科技"（CabNet Technology）。

在与开普敦优步司机行会合作之后，翁甘西认识到，司机们本可利用罢工和诉讼所花费的资金和精力去成立自己的企业。他们可以通过劳动者自我管理和劳动者所有权来改变现有体制。

像翁甘西这样的司机，工资一直很低。近期，随着新冠疫情的暴发，出行订单量锐减，这让他们的生计岌岌可危。[原注1]在疫情的影响下，越来越多的活动，如远程工作、学习以及基本的人际交往，都开始转移到数字平台上。硅谷高管的银行账户余额也因此蹭蹭上涨，特别是那些不依赖人际交往的平台企业的高管。

全球至少有4 000万人曾通过手机应用程序工作并赚取收入。以这种方式找到"零工"的劳动者主要是移民和其他边缘群体。除了配送员和计程车司机，还有打扫公寓的清洁工，照顾老年人的护工，以及在全球科技供应链上劳作的工人。早在新冠疫情之前，数字平台公司就已经严重依赖这类低薪劳动力：少数族裔、移民，以及因为种姓、贫困、残疾、性别或种族在社会中处于劣势的人。而这些劳动者往往是隐形的。

事实证明，零工劳动者面临的风险更高。而且，与传统工作场所（即非数字化工作场所）的劳动者相比，他们在工作场所面临着更严重的民主缺失。前者至少还有机会与老板直接交流。文化批评家雷蒙德·威廉斯（Raymond Williams）认为，自由民主有一个特殊的盲点，即在国家宪法层面重视"有教养的、参与式的民主"，却很少将其转化为组织机构的规范和标准。[原注2]正如威廉斯所言，20世纪有不少国家纷纷将民主制奉为首选的政治模式。

然而，消耗了多数人大半人生的工作世界却依照另一套标准，执行着与民主背道而驰的体制。

在工作世界里，劳动者被迫处于一种从属地位，一生受老板奴役。老板规定他们穿什么衣服、什么时候可以上厕所，以及遇到不友善的顾客时该如何应对。这种状况被称为"有份工作"。而泰勒主义则加剧了这种主从关系。泰勒主义是一种科学管理方法，旨在通过开发一种监控技术，使管理者能够控制工人的一举一动，从而提高效率和生产率。相较于 20 世纪初，如今工作场所中的监控方式更具侵略性。例如，在亚马逊的仓库里，员工的位置随时可知。

最令人惊讶的是，人们居然把这种管理方法视作常理。年轻人被告知，他们必须为就业市场做好准备，而"被雇佣"成了人生的最高目标。如果人们不再受外部控制，而是由自己的内在动力和创造力驱动，去表达自己的想法和感受，会发生什么呢？以支配他人为基础的体制是对人类尊严的侵犯。而如何改变这一体制，值得我们深思。[原注3]

关于传统工作场所中什么样的体制是合理的这一问题，在研究具有全球影响力的集中式数字劳工平台时，更具意义。

为什么人的尊严和基本权利会在工作场所遭受侵犯？过分关注穆克什·安巴尼（Mukesh Ambani）和杰夫·贝佐斯（Jeff Bezos）等行业领袖的财富，可能会分散人们的注意力，从而忽视了平台经济中的这一问题——这也正是营利性企业的固有问题。而像德里克·翁甘西这样的司机会陷入困境，正是将这种以追求利润最大化为核心的企业模式推向极端的结果。

疫情大流行是一个警示故事,揭示了在数百万人赖以生存的领域,所有权私有化如若不受约束,将带来怎样的严重后果。由风险资本支持的数字平台在协调医疗保健、紧急救援、供电供水等重要服务时所采用的经济模式,恰恰突显了所有权问题。而在大型科技公司中,运营权和掌控权集中在少数董事会成员、高层管理人员以及股东手中。有报告指出:

> 法律明令禁止董事会将社区或社会利益置于股东的经济利益之上……相反,这些公司被鼓励——往往也被迫——做出一切让股东收益最大化的决策,而这些收益并不与员工或受影响的社区分享。[原注4]

这种所有权模式在一定程度上导致了雷蒙德·威廉斯所揭示的民主的盲点。

这些企业的首席执行官并不是依赖户户送(Deliveroo)、Upwork、优步这类平台公司谋生的人。鉴于上文提到的劳动者所遭受的不公正待遇,我们或许应该开始考虑重新设计数字经济的所有权结构。集体所有权、自我治理、劳动者自我控制这些概念由来已久。20世纪初,巴勒斯坦地区出现了基布兹集体社区。在西班牙内战期间(1936年至1939年),加泰罗尼亚、阿拉贡和安达卢西亚曾短暂地实践了劳动者自我治理和集体劳动。20世纪80年代初,墨西哥南部的恰帕斯州开始兴起萨帕塔主义运动,并逐渐建立了基于社区自治的治理模式。[原注5]

如今，全球各国都致力于打造各自的硅谷，却往往忽略了劳动者的自主权。他们想要重现一种独立创业者的英雄主义文化，然而该文化并未充分服务于公共利益。在美国，受这种文化影响，黑人创业者所获得的风险投资仅占总风险投资的1%，而全女性创始人团队获得的风险投资也不到10%。

对于这种风险资本文化的描述，我还想指出一点，创始人正将所有的热情和精力倾注到自己的公司当中，但如果公司不能迅速产生利润，那么他们将失去对公司的控制权。如果一个初创公司在成立几年后仍未能实现盈利，风险投资人很有可能会取得对这家公司的控制权，而这将对创业者造成毁灭性的后果。依靠风险资本推动的创业活动往往追求快速退出以实现投资回报，而不是致力于建立打造一个能长期惠及所有利益相关者的公司，这违背了创始人最初设立公司时的愿景和目的。

一切的核心就在于，一旦有机会，他们就将公司、员工和平台用户出售给出价最高的买家。另一方面，买家可能会将所收购公司的知识产权用于自家产品，从而巩固其市场地位；或者仅仅利用此次收购关闭该公司，把竞争扼杀在萌芽状态。

疫情大流行作为一块试金石，更加鲜明地揭示了现代公司的所有权模式亟需转变。集体所有权是一条可行的途径。如果数字平台由合作社拥有，将会怎样？如果社群（包括用户和工作者）对数字平台的算法、服务器，以及上游服务拥有所有权和治理权，将会怎样？再者，如果整个互联网的基础设施最终由公共所有或公共-合作社混合型组织所有，又会怎样呢？一个反复出现的反对意见是，如果你想"拥有"一家公司，为什么不直接入股呢？除了能否负担的问题外，共享所有权是比合作社所有权更为有限的所有权模式，因为后者的影响力不仅限于公司治理层面的决策。在合作社所有权模式下，无论是选举董事或提高服务价格等重大商业决策，还是产品设计等日常运营决策，成员都拥有话语权。

这不仅仅是因为权力和财富集中在少数顶尖科技公司的手中。近期的合作社复兴，至少部分要归因于独裁政权和政府失能让许多国家面临挑战。在这种情况下，合作社模式为劳动者提供了一种有限但即时的保护。在巴西，总统雅伊尔·博索纳罗（Jair Bolsonaro）统治下的警察威胁并杀害黑人；在土耳其，总统雷杰普·塔伊普·埃尔多安（Recep Tayyip Erdoğan）将成千上万的批评者关进了监狱；在以色列，人们对民主规范和法治的担忧与日俱增；在波兰和匈牙利，右翼政党被指控破坏民主制度；在美国，唐纳德·特朗普（Donald Trump）在政府应对新冠疫情方面的灾难性管理，导致美国公众如今对政府的信任度依然很低，只有约两成（19%）的美国人相信联邦政府"几乎总是"或"大多数时候"会做正确的事。[原注6]这些国家的政治家们提出的解决方案要么过于渐进，要么对民众的需求漠不关心，无法显著改善人们的日常生活。在这种情况下，人们又如何能信任他们的政府呢？因此，虽然人们还未放弃通过选举政治来实现变革（！），但他们也同时开始转向互助实践，特别是合作社模式。

合作社不仅为数字经济的多元化发展开辟了道路，同时还有效应对了数字平台上工作场所民主的严重缺失以及不同程度的剥削问题。为了适应日新月异的技术和创新世界，我们必须构建新的叙事，以鼓励尝试并重新思考所有权和创业文化。实际上，下一个重大创新可能不仅仅是单一模式，而是多种不同的模式的结合。一位学者形象地称之为"组织模式的拼装"。[原注7]而工会作为这种拼装的重要组成部分，已经在应对零工经济挑战方面取得了一定进展。在此背景下，工会合作社的历史也值得一提，它可以追溯到1865年至1867年，即美国内战后的重建时期。在19世纪的70年代和80年代，劳工骑士团（Knights of Labor）为了设立罢工基金，创建了无数个合作社，其成员一度多达70万人。除了工会，当前在探索所有权模式的组织还包括受托管理型企业〔1〕和员工持股计划（ESOPs）。那么问题来了，如何使这些组织形式（如合作社和工会合作社）适应数字经济呢？我们怎样创建相互关联的组织形式，或是拼装的组织形式，以应对数字时代的独特挑战和机遇呢？[原注8]

面对数字经济的挑战，合作社原则能否发挥作用？在危机时期，曾被视作不可思议的变革或许会突然变成合乎常理的选择。例如：在工业革命的影响下，合作社和工会

---

〔1〕 受托管理型企业（steward-owned enterprises）是一种特殊的企业所有权和治理结构，其中企业的所有权和控制权归属于那些致力于企业长期使命和价值观的"管家"或"受托人"（stewards）。这些受托人可能是创始人、员工、管理团队或其他关键利益相关者。这种模式的核心理念是确保企业的决策和发展方向始终以促进其长期目标和社会责任为导向，而不是仅仅追求短期利润最大化。——译者（本书脚注均为译者注）

应运而生，并在过去两百年间实现了全球性扩张；同样，富兰克林·德拉诺·罗斯福推行的新政也是一个例证。鉴于这些历史案例，我们有理由认为奥弗顿窗口[1]可能会发生变化，从而使合作社原则成为应对数字经济挑战的一条可行之路。

平台合作社

在这个数字化转型的时代，我建议采取一种以人为本的方法，优先考虑参与式过程[2]，并以那些最依赖互联网的群体的声音和需求为中心，构想一个让他们对互联网的应用程序、平台和协议拥有更大控制权的未来。设想一个由联合会领导的网约车平台，它不仅利用其专业技术知识，还利用其组织能力，支持全球范围内的计程车司机合作社。

---

[1] 奥弗顿窗口（Overton Window）是一个政治学概念，用来描述公共政策讨论中可被公众接受的观点范围。处于奥弗顿窗口内的观点被认为是公众可以接受的，而超出这个范围的观点则被视为过于激进或保守，不适合作为公共政策的一部分。奥弗顿窗口并非固定不变，而是随着社会观念、文化背景和政治氛围的变化而发生移动。这意味着，随着时间的推移和社会观念的转变，一些最初被视为边缘的观点可能逐渐被接受，甚至最终成为主流。

[2] 参与式过程（participatory processes）指的是一种强调各方参与和协作的决策和执行过程，特别强调那些被影响最大的群体在决策过程中的主动参与和声音。在数字转型的背景下，提倡参与式过程意味着那些对互联网、应用程序、平台和协议依赖最深的用户和社区，不仅仅是作为被动的接受者，而是作为决策过程中的积极参与者。这包括在开发新的技术解决方案、制定互联网治理政策，以及设计和实施数字基础设施项目时，让用户和社区发声并参与决策。通过这种方式，可以更好地确保数字化转型的成果符合广大用户的需求，同时促进更公平、包容和可持续的数字经济发展。

设想一个场景，市中心的社区[1]联手合作，共同规划、建设和维护高速互联网基础设施，有潜力为曼哈顿目前缺乏互联网连接的88 820户家庭消除数字鸿沟。[原注9]想象一个世界，社交媒体平台由其用户拥有和管理。与其让几家巨型企业集团掌控我们的个人数据和在线互动，不如让用户自己决定平台的治理和新功能。或者，推出由配送员、餐厅老板和美食家共同拥有的送餐服务合作社如何？现在，在49个国家已经有超过543家自我管理、合作共有的企业，这足以证明这种合作社生态系统并非乌托邦式的想象，而是当今已经存在的事实。[原注10]

"平台合作社"是指那些主要借助网站、移动应用程序或协议销售商品（如数据）或提供服务，且其经营模式的运作和发展主要依托于民主决策，以及劳动者与用户对平台共有的社区所有权的项目或企业。并不是所有的平台合作社都以合作社的形式正式注册。不过，平台合作社的定义是动态发展的，它代表了一个不断演变的过程，而非某种固定、单一的模式。说到定义，在本书的语境中，数字平台是一种在线基础设施，它能够促进个人与团体之间的互动和交流，同时具备协调活动、提取数据以创造收益的能力，并支持业务规模的灵活扩展。此类平台涵盖了一系列用于连接或组织服务的在线应用程序、协议及网络系

---

[1] 市中心的社区（Inner-city communities）指的是位于城市中心区域或市中心周边地带的社区，这些地区通常是城市的老旧部分，有时可能因为经济、社会和基础设施的落后而被认为是较为贫困或处于不利地位的区域。提及"市中心的社区"时，通常是在强调对这些区域特定的社会、经济和基础设施需求的关注，以及在城市规划、社会服务和经济发展等方面采取特定措施以解决这些社区面临的挑战。

统，并已成为当今经济组织的主要模式。

那合作社呢？人们知道合作社，也许是因为他们曾经在农业合作社买过奶酪、牛奶或果汁。他们也许住在住房合作社[1]里，或是在消费合作社采购露营装备或工具。人们深爱合作社模式，并希望这种模式得以延续。

作为国际合作社运动的全球倡导者和守护者，国际合作社联盟（ICA）将合作社定义为"人们基于自愿原则联合而成的自治协会，其目标在于通过共同所有、民主管理的企业来满足他们共同的经济、社会和文化需求及愿望。"[原注11]合作社是由那些有某种需求却未得到满足的人创建的。这些人聚集起来，成立一家能够满足这种需求的公司。稍后我将进一步讨论有关合作社的话题，但现在先让我谈一谈平台合作社，并概述它们表现最为突出的领域。之后，我将介绍一家位于纽约市的平台合作社——司机合作社。

平台合作社的生态系统由各式各样的企业组成。其中不仅有中小型项目，也有年营收额超过 2 亿美元、员工人数接近 300 名的大型企业，甚至还有一些刚刚起步，仅有一纸商业计划书、三位创始人和一只猫的初创企业。这些商业机构可能会注册为合作社，也可能以有限责任公司的形式注册，但以合作社的模式运营。特别是在那些无法以合作社形式注册的国家，这种情况尤为普遍。虽然一些平

---

[1] 住房合作社（Housing Co-op）是一种居住模式，其中的房产由合作社成员共同拥有和管理。在这种模式下，成员不直接拥有自己的住房单元，而是拥有合作社成员资格和住房使用权。成员通过共同决策来管理合作社的日常运营，包括维护、财务管理和新成员的录取等。

台合作社只是在传统模式中融入了些许数字化元素，但另一些平台合作社则与传统合作社大相径庭，代表了一种全新的合作社所有权模式。我们稍后将会看到，它们远非20世纪60年代大学生合租一栋房屋、共同分担家务的那种初级合作。

正如合作社模式并不适合所有的情境，平台合作社对某些行业的益处也可能大于其他行业。一些学者试图为平台合作社创建框架，但因其形式多样、规模不一且过于复杂而难以简单概括。目前，根据我们从德里克·翁甘西那里了解到的信息，平台合作社已经在交通运输行业生根发芽。一些平台合作社专注于本地的零工工作、文化服务、数据和基础设施或是资产共享。其行业范围广泛，从农业和金融业等传统行业，一直延伸到家政服务、软件开发、交通运输、保险、照护等现代化领域。以照护行业为例，该行业尤其容易发生基于合作社原则的全行业组织变革。2018年至2060年间，美国65岁及以上的老年人——即最需要照护服务的群体——所占的人口比例预计将从16%增长至23%。[原注12] 然而，尽管美国的照护行业正在快速增长，但是在该行业占比过多的女性劳动者却往往遭受轻视和低薪的不公待遇。家庭护工的工作时间不固定，每次的工作时长也难以预测，年收入约为1.6万美元。[原注13] 老年照护领域的自动化可能性较低，照护工作理应更具吸引力。但实际上，这些职位过低的薪酬使得潜在的劳动者望而却步。因此，加大对这一行业的重视和资金投入显得尤为重要。将合作社的所有权和治理模式引入照护平台，不仅能为该行业带来尊严和公平的薪酬,还能便捷地将护工与附近的客户精准匹配,并在不同地区之间有效地组织和协调成员、客户和劳动者。

平台合作社的全球生态系统并不仅限于本地和跨国的零工工作。我们可以将其视作一个协调有序的系统,劳工平台、社交媒体和互联网基础设施在其间完美地同步运作。劳工平台充当发电机,而社交媒体和其他互联网平台充当电路。在合作社原则的指引下,它们共同致力于建设一个更加公平、更加民主的互联网环境。

平台合作社将行之有效的合作社模式和蓬勃发展的数字平台模式相结合。前者已被全球10亿人所采纳,后者则在科技抵制潮的冲击下继续发展壮大。此外,平台合作社模式还整合了分布式技术,不仅使其有潜力得到更广泛的运用,同时相比传统的实体合作社模式,该模式能够让更多人享受到合作社带来的好处。

许多平台合作社(如英国的Up & Go和平等照护合作社)向其员工支付的工资是采用风投模式的同类平台的两倍,这突显了平台合作社模式的优势,尤其是对于劳动者合作社和多方利益相关者合作社而言。同时,这些合作社劳动者的生产率也有所提高,因为他们现在与公司有了利害关系,他们渴望参与其中。不仅如此,尽管存在管理层,老板却是他们自己。在劳动者合作社中,管理者由合作社成员自己选举产生,他们不仅要为成员负责,而且还可能被成员解雇。他们的职责是执行成员共同投票决定的规则。通过这种方式,平台合作社致力于创建一个更为包容、民主且决策权共享的经济模式。与开普敦的司机为远在千里之外的股东创造利润不同,平台合作社优先考虑群体利益而非攫取利润，从而形成一种更加可持续的、更加公平的商业模式，不仅为群体创造价值，还为创始人和劳动者带来长期价值。法伊扎·豪普特最初以南非首位女性优步司机的身份而闻名，现在与翁甘西一同成为了开普敦网约车平台合作社的先驱。他们联手创建了一种合作社商业模式，确保收入留在当地社区。此外，与某些科技巨头不同，平台合作社优先在当地纳税，而不是通过避税区和低税区转移资金。

在与翁甘西和豪普特这样的劳动者交谈后，我发现成为平台合作社的一员不仅赋予了他们一种具体而真实的尊严感，还让他们的生活变得更可预测、更容易掌控。成员们清楚地知道他们下周的收入会是多少。平台合作社不受不透明的算法或臭名昭著的"算法老板"的操控。而且，许多平台合作社由平台用户共同设计，以确保其设计充分考虑到最依赖这些平台的用户的需求。

由于他们共同拥有平台，他们可以公开地讨论是否以及如何收集和管理数据，这可能会为他们带来微弱的竞争优势。正因为他们共同拥有平台，并在一定程度上控制了数据流，因而能够比其他同类企业提供更好的隐私保护。

合作社自诞生之初，其创始人既包括反资本主义者，也包括那些谋求生计的人，其多样性覆盖了整个政治光谱。合作社更加重视成员的生活经验而非政治观点。在日益严重的政治两极分化中，合作社为来自不同背景的人寻找共识提供了难得的机会。

尽管平台合作社有其自身优势，但它们仍然面临着重大障碍，尤其是在创业融资方面。融资问题对传统的科技初创企业家来说已是一大难题，对合作社创业家来说更是难上加难，这不禁让人回想起传统合作社曾经面临的困境。考虑到合作社近两百年的历史和成就，这种情况可能会令人倍感意外。不过，投资者在投资非传统企业时的犹豫不决可能与他们的阶级立场有关，这导致他们更倾向于投资符合主流规范、不挑战既定所有权结构的企业。尽管一些投资者和个人错误地认为合作社已经过时且缺乏创新，但在意大利、芬兰、肯尼亚等国家，传统合作社依然占据主导地位，并对整个地区和行业产生了显著的影响。虽然有些人心存偏见，认为工人阶级移民没有能力运营科技平台，但是平台合作社不仅在美国和欧洲表现强劲，而且逐渐在所谓的"全球南方"[1]大显身手。然而，即便在那些以合作社传统著称的国家，也普遍存在特定年龄段的男性独霸管理层的现象，而且合作社成员也呈现出老龄化的趋势。在这种情况下，我们更加需要为年轻一代、移民以及具有不同性取向的个人开辟通往合作社领导层的道路，同时我们还必须带着紧迫感和目的性去拥抱技术革新。一些充满理想主义的创始人在经营蓬勃发展的企业时遇到了瓶颈，因为他们将重点放在了治理和民主决策上，而非制定具有吸引力的价值主张[2]。

在本书的后续章节中，我将讨论如何在大型科技公司

---

[1] 全球南方（global south）指的是世界上那些经济相对不发达的国家，这些国家主要分布在南半球。

[2] 价值主张（value proposition）是指一个公司、产品或服务向目标客户承诺提供的独特价值。它明确地表达了为何顾客应该选择该公司的产品或服务而不是竞争对手的，强调了其独特性、解决的问题或满足的需求，以及为顾客带来的具体好处和价值。简而言之，价值主张是企业与顾客之间交换价值的承诺和理由。

巨大的网络效应和财务优势下扩展合作社技术模式。同时，我也会讨论年轻一代通常将平台合作社视为这些科技巨头的可行替代品的现象，该现象使得扩大团结和推广合作社价值观成为一个特别吸引人的话题。平台合作社运动的参与者，无论是创始人还是成员，都追求一系列植根于各行业合作社悠久历史的价值观。1844年12月21日，罗奇代尔公平先锋社（Rochdale Society of Equitable Pioneers）在英格兰北部成立。由于当时法律尚未允许以合作社的形式注册，这个早期的消费者合作社并未得到官方承认。但作为最早支付成员红利的合作社之一，罗奇代尔公平先锋社为现代合作社运动奠定了基础。虽然在它之前也曾出现过其他合作社，但是罗奇代尔公平先锋社制定的原则后来成为了全世界合作社的指导方针。

半个世纪后，国际合作社联盟（ICA）成立。1937年，该联盟在罗奇代尔公平先锋社原则的基础之上，制定了一套自己的原则，并随着时间的推移不断对其进行修订。而今，这些原则如下：

> 自愿和开放的成员资格
> 成员的民主管理
> 成员的经济参与
> 自治和独立
> 教育、培训与信息
> 合作社间的合作
> 关注社区

在本书中，我将探讨在传统环境和在线平台中，合作社原则是如何支持所有那些面临失业困境的人，如何倡导工作场所的民主，并致力于构建一个更加公平、更加民主的互联网环境，不仅惠及劳动者，也惠及所有的网络居民。

推动公平劳动

要想了解这场运动的特点，我们不妨将视线投向纽约市。2020年5月，劳工组织者、博士生埃里克·福曼和格林纳达交通运输专家肯·刘易斯，以及东非优步公司前运营经理阿莉莎·奥兰多在纽约共同创立了司机合作社（Drivers Cooperative），一个由劳动者拥有的网约车服务平台合作社。

面对新冠疫情带来的经济压力，司机合作社将彻底改革共享出行领域作为首要任务，并着重于提升司机的薪资待遇。该平台合作社吸纳了9 000多名司机，其中91%为移民，并通过借贷和众筹的方式筹得240万美元。合作社的首批乘客是早期投票的选民[1]。当时，美国众议院的进步派成员亚历山德里娅·奥卡西奥－科尔特斯（Alexandria Ocasio-Cortez）的竞选团队使用司机合作社的服务，为选民们安排了出行交通。自那时起，司机合作社为乘客提供了超过20万次的服务。作为一项团结措施，无论是否

---

[1] 早期投票的选民（early voters）指的是在正式选举日之前参与投票的选民。这种提前投票，也被称为预先投票或提前投票，是一种便利的投票过程，允许公共选举中的选民在安排的选举日之前进行投票。提前投票可以通过远程方式进行，例如邮寄投票，或者在指定的投票地点亲自进行。

载有乘客，合作社都会向司机支付每小时30美元的基本工资。

使用司机合作社服务的乘客，支付的车费通常低于其他网约车公司，而且没有受高峰时段或天气状况等影响的动态定价[1]。在司机合作社，成员能够参与民主决策，包括拥有对重大事项的投票权。除此之外，司机合作社还着手解决诸如汽车贷款的剥削性利率和随意解雇（优步欺骗性地将其美化为"停工"）等问题。该合作社还专为网约车司机设立了名为"司机学院"的免费培训平台。司机们可以在这个平台上交流关于合作社和相关工具的知识。作为对其透明度和可持续性的承诺，司机合作社计划将交通和拥堵的相关数据提供给当地市政，后者通常对传统网约车公司对环境的影响一无所知。

司机合作社还在推动一项法案，该法案与纽约市市长埃里克·亚当斯为纽约市计程车和豪华轿车委员的提议相似，其目的在于通过提供市政补贴帮助司机购买电动汽车。与此同时，优步正顺风顺水地扩大其市场份额，这一切都"得益于"它牺牲利润的低价竞争、缺少问责制和透明度。然而，在使用自动驾驶汽车替代人类司机方面，优步正面临着巨大的失败。此外，这家网约车巨头的司机们报告称他们遭遇了工资盗窃[2]，总金额高达数亿美元。[原注14]

---

[1] 动态定价（surge pricing），也称需求定价或基于时间的定价。这是一种定价策略，通常在需求增加时（如高峰时段、恶劣天气等情况下），共享出行服务的价格会自动上涨。这种做法旨在通过价格调节来平衡供需关系。

[2] 工资盗窃（wage theft）是指雇主未按照法律规定或合同约定支付员工工资的行为，包括未支付加班费、拖欠工资等。

司机合作社意识到，自己可能无法在短期内超过优步，但它也明白在网约车行业中，第三和第四名竞争者的存在至关重要。该合作社还怀有一个长期的愿景，那就是在网约车领域建立一个全球性的平台合作社联盟。如今，在世界上竞争最激烈的城市之一，司机合作社凭借着工人阶级移民的决心，向那些持怀疑态度的观察者——包括商学院教授、保守的政策制定者和基金会官员——证明，司机实际上能够拥有并运营一个非掠夺性的交通运输公司。

研究渊源

司机合作社只是近年来出现的新生态系统的一个例子。随着司机合作社这类公司的出现，人们对"平台劳动"及其社会影响越来越感兴趣。受意大利工人主义的启发，我于 2008 年在这一领域开启了知识探索。我提出，人们在聚友网（MySpace）等平台上的活动应该被视作"数据劳动"。在纽约新学院任职期间，我围绕数字劳动及其广泛影响这一主题组织了多场会议，并发表了无数演讲。2013 年，在柏林的一个媒体节上，我在众多观众面前发表演讲，揭露了在亚马逊土耳其机器人（Amazon Mechanical Turk, MTurk）众包平台上，新手劳动者每小时仅能赚取 2 到 3 美元的不合理收入这一事实。数字劳动的严酷真相让我和现场观众都深感痛心，这也更加突显了我们对数字劳动的研究必须超越单纯的理论分析。在柏林的这一决定性时刻，我意识到，对于近未来的替代方案，我们目前严重缺乏能够迅速对其进行响应的概念和实践框架。而这些替代方案一旦得以实践，就有可能为建立一个更加公平的经济体系铺平道路。尽管许多学者强烈谴责依靠风险资本资助的平台商业模式，但仅仅分析问题并不能改善计程车司机、护工或自行车配送员的处境。

柏林演讲结束几个月后，我们在伍尔曼礼堂里围坐成一圈。礼堂位于格林尼治村新学院12号大街的教学楼顶层。那是2014年，我组织的"数字劳动：血汗工厂、纠察线[1]、路障"研讨会正进行到第12个小时。也正是在这次研讨会上，一位在亚马逊土耳其机器人平台有着丰富工作经验的员工提议道："我们为什么不创建一个自己的平台呢？"那一刻，我仿佛醍醐灌顶。我的合作社经验、对数字劳动的研究以及在东柏林的成长经历汇聚一处，将我的知识探究和生活经验融为一体。

作为一个经验丰富的合作社成员，我曾经生活在一个住房合作社里。作为布鲁克林第一幼儿园家长合作社（Old First Nursery School parent cooperative）的成员，我曾在12月的长周末售卖圣诞树，为合作社筹集资金。我还是公园坡食品合作社（Park Slope Food Cooperative）的长期会员，该合作社是美国规模最大、历史最悠久的食品合作社之一。公园坡食品合作社将自己定位为成员的采购代理，而非任何行业的销售代理。[原注15]然而，《纽约客》杂志曾戏谑地称之为"一种体验共产主义陷阱的简便方式"，因为它对所有成员都有严格的规定和强制性的轮班

---

[1] 纠察线（Picket Lines）是指在罢工或抗议活动中，工人或参与者会在企业、工厂或重要场所外聚集成一列队伍，以示抗议并阻止非罢工人员进入工作场所。有时也翻译为"罢工人墙"。

要求。这突显了合作社经常面临的外部偏见,包括人们往往误以为合作社总是与左倾或反商业的意识形态联系在一起。[原注16]

2014年,我坐在伍尔曼礼堂,脑海中关于合作社的记忆依然清晰。突然,我灵光一闪:"不妨把合作社模式和平台经济结合起来。"那天晚上,我彻夜未眠,撰写了《平台合作主义VS共享经济》一文,正是这篇文章催生了"平台合作主义"这一新概念。[原注17]在随后由罗莎·卢森堡基金会发表的题为《平台合作主义:挑战企业共享经济》(Platform Cooperativism: Challenging the Corporate Sharing Economy)的论文中(该论文最终被翻译成多种语言),我进一步阐述了这个概念,并为平台合作社提出了一系列原则,号召其倡导者:

> 共同设计
> 提供体面的薪酬
> 在收集个人数据时保证透明度
> 确保跨平台数据的可携带权
> 提供便携的劳动者档案

2015年,我和美国学者兼组织者内森·施奈德(Nathan Schneider)合作,在新学院组织了一场会议。此次会议是自2009年以来我连续六年召开的系列会议之一,标志着平台合作主义运动历程中一个重要的里程碑。律师、漫画家以及共同所有权支持者贾内尔·奥尔西(Janelle Orsi)受邀发表主旨演讲。她提倡一种基于合作社所有权的"新共享经济"。这是一次适时且热烈的盛会，不仅现场有千人参与，还有数万名观众在线上表达了深切支持，他们渴望抵制所谓"共享经济"的剥削本质。活动结束后，许多与会者回国创建了自己的平台合作社。一年后，我出版了《工作优步化，工资被"优化"》（*Uberworked and Underpaid*），探讨了零工经济的剥削本质并介绍了平台合作社。不久，我和施奈德共同编辑了《创新与共有：平台主义的兴起，塑造未来的工作和更公平的互联网》（*Ours to Hack and to Own: The Rise of Platform Cooperativism, a New Vision for the Future of Work and a Fairer Internet*）。随后，我勇敢地迈出一步，创建了平台合作主义联盟（the Platform Cooperativism Consortium，简称PCC）——一个致力于促进平台合作社和相关项目发展的组织。凭借对集体知识的构建和社区参与研究的坚定承诺，平台合作主义联盟致力于建立全球社区、鼓励协作、开发资源并进行政策分析。

当然，在我强烈坚持将合作社原则融入数字经济之前，已有许多先驱铺平了道路。在我们召开会议之前，作家、商业伦理学家玛乔丽·凯利（Marjorie Kelly）提倡采用"生成式所有权"模式已有3年之久。[原注18]当施奈德探索如何将优步公司转变为合作社时，凯利呼吁"在组织目的和组织结构层面进行重新设计"。这一呼吁在新兴平台合作社运动中引起了许多人的深刻共鸣。这场运动的参与者还从一系列早期案例中汲取了灵感，其中包括：早在2011年，西班牙就提到了合作社数字平台；2012年，意大利要求建立合作社数据共享平台；同年，德国成立了合作社市场公平市集（Fairmondo）；一年后，图片库和视频库平台合作社——斯托克西联合社（Stocksy United）成立。

平台合作主义运动

随着时间的推移，这场运动的词汇也将日益丰富，"平台合作社"这一术语或概念也许会因其广泛使用和失去新意，逐步淡出人们的视线。即便如此，该术语在过去和现在都颇具意义，因为它作为共同的参照点，为创建和参与这类合作社的群体提供了共同理解的基础。那些成立"平台合作社"的团体会加入一个由创始人和成员组成的社区。这个社区致力于创建的新型合作社不仅仅是传统意义上的"社会企业"[1]，而且是一个结构松散、主要依托网络运作的全球合作社联盟的一部分。

平台合作主义仍是一项未完成的实验，一场坚定拥抱合作社身份的运动，尽管偶尔会出现"合作社幌子"的情况，即一些虚假的数据合作社或去中心化自治组织伪装成真正的合作社。"平台合作社"并不是一种单一的模式，而是包含了一系列不断重新评估和调整的动态商业模式。平台合作主义运动鼓励将共同的仪式、音乐（如多语言版本的合作社颂歌）和庆祝活动（如年度大会）作

---

[1] 社会企业（social enterprises）指的是优先考虑社会或环境目标，同时追求商业可持续性的组织。它们旨在解决社会问题，改善社区或环境，其核心理念在于创造积极的社会价值。与传统的商业企业不同，社会企业更注重社会影响，而非单纯追求利润最大化。社会企业的形式多样，包括非营利组织、合作社、有限责任公司等。

为其精神内核的一部分,从而创造出一套属于自己的神话,这反映了罗兰·巴特关于"神话建构"的概念。而且该运动提供了一种与硅谷主流故事全然相反的叙事。仪式和活动是平台合作主义神话的重要组成部分,激励并鼓舞合作社成员构建一个更加公平的数字经济模式。这一切的起源可以追溯到像罗伯特·欧文这样的乌托邦社会主义者,他提出的资本主义替代方案激发了第一批劳动者合作社的成立。除欧文外,平台合作主义运动还从夏尔·傅立叶、亨利·德·圣西门、皮埃尔-约瑟夫·蒲鲁东和约翰·斯图尔特·密尔等历史人物中汲取灵感。他们提倡工人阶级间的合作和利润分享。威廉·汤普森(William Thompson)也是合作主义的拥护者,他反对竞争的观念,呼吁创建一个能够自给自足并具备生产能力的"互助合作社区"。

平台合作主义运动的参与者受到了全球不同历史经验和思想理念的启发,其中包括合作社原则的先驱——罗伯特·欧文。一些人从 E.F. 舒马赫(E. F. Schumacher)的《小的是美好的》(*Small Is Beautiful*)或弗雷德里克·拉卢(Frederic Laloux)的《重塑组织》(*Reinventing Organizations*)中找寻灵感,探索新的组织范式。还有些人受到了查尔斯·艾森斯坦(Charles Eisenstein)的《神圣经济学》(*Sacred Economics*)的影响,书中呼吁建议建立一种基于礼物经济[1]的新经济体系。许多支持者也认

---

[1] 礼物经济(gift economy)是指一种社会和经济模式,其中物品和服务的交换是基于互惠和礼物交换的原则,而不是基于市场交易或商业利益。

可天主教分配主义[1]原则。该原则通常和G.K.切斯特顿（G.K. Chesterton）的名字联系在一起，它提倡通过分散的所有权来挑战资本主义垄断和社会主义。

其他支持者和拥护者的做法则受到了保罗·辛格（Paul Singer）、古斯塔沃·埃斯特瓦（Gustavo Esteva）、诺姆·乔姆斯基（Noam Chomsky）、W. E. B. 杜波依斯（W. E. B. Du Bois）和杰西卡·戈登·内姆哈德（Jessica Gordon Nembhard）等人的指导。这些思想家的理念驱使支持者们重拾本土知识（Indigenous knowledge），鼓励劳动者自我管理，通过合作社促进经济正义与种族正义，并支持工作场所的民主管理。

关于本书

《归我们!》讲述了数字经济中合作社原则未完成的故事。这个故事通过倡导这一运动、践行这一文化、推动这一新兴学术领域并构建这一商业生态系统的人们徐徐展开。虽然我是这本书的作者，但是书页之外的许多集体工作也对本书的创作产生了重要影响。来自世界各地的合作社实践者们慷慨地从他们鼓舞人心的工作中抽出宝贵时间，与我分享他们的方法。如果没有他们的贡献，我不可能写出这本书。

---

[1] 天主教分配主义（Catholic distributism）是一种经济和社会理论，主张更广泛的财产所有权分布，支持小规模的私有财产和反对过度的工业化及资本集中。该理论受到天主教社会教义的影响，特别是教宗利奥十三世的《新事物》（Rerum Novarum）通谕。

在本书中，我不仅为平台合作社提供了基于联盟的扩展策略，为地方政策制定者提供了支持建议，还提出了将工会合作社模式应用于数字经济的构想。我探讨了如何有效地界定平台合作社创造的价值——它们往往是无形的，并展示了通过多元化数字联邦扩大团结的愿景。本书以一篇后记作为结尾，为书中理念的具体实施提供更多深入的见解。《归我们!》探讨了新旧两种模式，旨在确定由多利益相关者参与、劳动者拥有、生产者拥有，或采用数据合作社结构的数字平台能否挑战主导的资本主义权力结构并推动社会正义，同时对传统的互助模式、信用合作社和消费者合作社进行补充和增强。最后，《归我们!》旨在寻找盟友。要想取得成功，平台合作主义运动必须与更广泛的政治联盟和社会活动结盟，成为一个超越地理界限和经济地位鸿沟的国际项目。平台合作主义联盟（PCC）与英国、美国、巴西、阿拉伯联合酋长国、印度尼西亚、阿根廷、德国等国以及印度的三个邦的政府机构、合作社协会、市政当局和政党的合作，体现了这一运动蓬勃发展的势头。然而，倘若没有立法者的支持，我们的目标将难以实现。从罗奇代尔到开普敦，各团体之间的合作、凝聚力和资源共享对于培养归属感和构建全球性运动至关重要。平台合作社将蓬勃发展，但其生命力取决于我们的投入程度、立法上的成功、团结、全球协调和关怀。

第二章　数字经济中的劳动者所有权

普遍认为，美国的家务劳动力市场以女性为主。在这些女性劳动者中，无证劳工（undocumented worker）占据了相当大的比例，并最为直接地承受着影子经济[1]中常见的不稳定性和低薪酬的冲击。[原注1] 在纽约市，性别和公民身份的分界线尤为明显，近一半的家政从业者都是无证劳工。

然而，在布鲁克林移民社区，有一群说西班牙语的女性，她们的境况远比同龄人要好——实际上要好得多。她们共有30人，是一家新成立的名为 Up & Go 的平台合作社的员工，同时也是其所有者。在 Up & Go，她们时薪达到了25美元。而之前她们独立工作或在传统数字平台工作时，时薪往往只有11美元。[原注2] 克雷尼亚·多明格斯是 Up & Go 合作社董事会成员，也是布赖特利合作社（co-op Brightly）的创始人。她向我解释说，成为 Up & Go 的共同所有者还给她带来了物质以外的好处。她自豪地告诉我，当老板让她有了一种尊严感和自我价值感，也让她在与家人、邻居和客户的交往中获得了新的社会地位。

"我16年前来到纽约。"多明格斯说道,"在加入合作社之前,我被资本主义所困。而合作社赋予了我极大的价值。当有人雇用我或另一名清洁工时,他们其实是获得了与老板本人合作的机会。"[原注3]

阿拉切利·多明格斯,另一位 Up & Go 的员工-所有者(worker-owner)说道:"在加入 Up & Go 合作社之前,我的生活截然不同。我不知道自己的权利。有时候情况非常不公平——工作时间被剥削,我们还经常遭遇性骚扰。但是现在,我们了解情况。现在,我可以存下钱了。我可以为未来做打算了。"[原注4]

我曾在印度的古吉拉特邦农村遇见了一位平静友善的女性。多明格斯对所有权的看法与她的观点不谋而合。这位女性年事已高,却依然记得印度仍是英国殖民地时,她学习水稻种植的日子。她还清晰地回忆起上世纪70年代印度政府推出的"白色革命"计划。该计划旨在使印度的乳制品行业在经济上实现自给自足。为此,印度政府创建了全国性的牛奶供应网和合作社。这些合作社赋权给贫困农民,为他们提供了培训和就业机会。然而,她心中最珍贵的却是另一个合作社网络。当时我们站在一棵李子树下,身旁有两头牛正在休息。我们正欣赏着自家田地里茂盛的草地时,她拉着我朝附近的水管走去。她拍了拍水管,微笑着大声说道:"SEWA!"

自雇妇女协会(SEWA)不仅是一个工会,也是一个

---

[1] 影子经济(shadow economy):指在正式经济体系之外进行的非法或未申报的经济活动,包括非官方就业、非纳税经济活动和非正规交易等。

合作社联盟,即多个合作社为实现共同的目标而联合起来。在 2005 年前后,自雇妇女协会帮助这位女性的家庭购买了农业基础设施和相关设备,并教会了他们如何经营农场。通过合作社所有权模式,她和家人得以建造一栋更大的石头房屋,并将他们之前的家——一个屋顶生锈的水泥小屋——改造成村里的迪斯科舞厅。在研究当代合作社运动的这些年里,我听说了许多关于合作社所有权带来变革力量的故事,让我深受感动。这些故事来自世界各地的各行各业:圣保罗的回收工人、曼彻斯特的护工、开普敦的女裁缝、特里凡得琅[1]附近的农民、曼哈顿的计程车司机,还有巴塞罗那的送餐员。他们分别以不同的方式讲述了合作社所有权给他们的生活带来的深刻变化。由劳动者运营的平台正在世界各地生根发芽,但要紧跟这些平台发展的脚步并不容易,从中汲取有助于推动这场运动的经验和见解更是难上加难。但有一点是肯定的,那就是无论劳动者合作社是经营数字平台还是实体企业,是在靠近阿拉伯海岸还是位于贯穿布鲁克林南部的地铁 Q 号线附近,其目的始终如一:惠及其劳动者——他们往往处于社会经济的最底层,同时也惠及其消费者和社区。这些合作社不仅让劳动者的荷包鼓了起来,使他们能够掌控自己的日常安排,还提高了财务和算法的透明度,并帮助他们克服了工作中的情感挑战。正如 Up & Go 团队所强调的,合作社具有重要的社会和心理层面的益处。"合作社不仅仅是一种工作,"多明格斯说道,"还是一种姐妹情谊。"

---

[1] 特里凡得琅(Thiruvananthapuram)是印度西南部喀拉拉邦的首府。

本章内容主要围绕用户合作社与劳动者合作社的案例展开。这两种合作社连同多方利益相关者合作社，共同构成了按成员权力分配分类的两大主要合作社类型。在科技初创企业的创建过程中，引入用户合作社与劳动者合作社模式，将有助于实现所有权和控制权的公平分配、促进决策的民主化，并保障数字经济中劳动者的权利和福祉。

区块链、加密货币和"Web3"等分布式技术的出现，以及去中心化自治组织（DAOs）的崛起，为重新构想传统合作社和科技初创公司的运作方式提供了独特的契机。这些技术不仅激发了新一波合作社浪潮，还鼓励科技合作组织探索和实践合作社原则。实际上，面对这些发展，国际合作社联盟——一个起源于 1895 年并致力于倡导合作社理想、原则和团结的全球组织——可能需要重新审视其七大合作社指导原则，以适应这些新现实。

国际合作社联盟在塑造合作社运动的数字化未来方面扮演着举足轻重的角色。随着传统制造业的衰退和互联网劳动力市场的兴起，国际合作社联盟必须大胆拥抱技术变革。作为全球合作社的倡导者和守护者，国际合作社联盟可以积极推动和支持那些旨在在数字经济中确立合作社身份的实验。这包括在全球范围内为合作社数据公域设定统一的数据标准，或许可以从农业领域着手。

鉴于传统企业不愿意提供实质性的帮助以推动互联网的民主化，国际合作社联盟的努力显得尤为重要和必要。尽管"开明资本主义"（enlightened capitalism）的支持者们做出了种种努力，但事实证明，传统企业既无能力也无意愿真正实现上市公司的民主化。在本章中，我将详细阐述我对一种观点的怀疑，即我们可以迫使大型科技公司在工作场所公平、经济正义和民主权力分享方面取得显著进步。通过揭示利润最大化这一商业模式的本质，我将说明合作社所有权如何能够成为人民经济的催化剂。

新冠疫情对利益相关者资本主义的现实检验

商业圆桌会议（Business Roundtable）是一个极具影响力的美国商业组织，它聚集了来自沃尔玛、摩根大通和亚马逊等全球最大企业的近两百位首席执行官。几年前，该组织决定提倡一种"利益相关者资本主义"（stakeholder capitalism）的理念。这种新型的资本主义旨在超越传统的股东资本主义，追求一种更为开明且利益分配更为广泛的模式，而传统的股东资本主义主要受股东利益最大化这一狭隘理念驱动。这些首席执行官承诺，将带领公司让"所有利益相关者受益，其中包括消费者、员工、供应商、社区及股东"。[原注5] 赛富时（Salesforce）的董事长甚至宣布，我们所熟知的资本主义已经"死亡"。[原注6] 接下来，美国企业将以一种更加民主、更重视利益相关者的方式进行自我组织。这似乎给在场的听众留下了深刻印象。离开听众席时，我听到一位美国官员说道："我们姑且相信他们这一回吧。"

几年后新冠疫情暴发，这次"改革"受到了考验，并彻底失败了。那些不久前还宣称反对股东资本主义的公司，不出所料地背叛了自己的员工。亚马逊的创始人将生活必需品的价格提高了1 000%，并拒绝向超过45万名亚马逊员工支付危险津贴和病假工资。与此同时,他的个人资产增加了970亿美元。股东们欣喜若狂,而其他的"利益相关者"就没有那么高兴了。

这不仅仅是首席执行官们违背承诺的问题。无论首席执行官在媒体面前说了什么,疫情揭示了上市公司在多大程度上受制于利润最大化这一主导逻辑。

事实上,探索另一种商业模式的话题并未消失,且依然是一个紧迫的问题。冲突的范围不仅局限于亚马逊的工会运动,还扩展到像来福车(Lyft)这类大型劳动力平台公司。后者正因司机的雇佣分类问题而面临法律挑战,而这一分类决定了司机在现有劳动法下可以获得的保护和权益。对个人或社会而言,离开传统大型企业去垄断型平台工作,并不一定是最好的选择。

对数字经济产生重大影响的大型科技公司正在积极游说,反对那些旨在为平台经济劳动者提供劳工权利的提案,这并不令人意外。这些公司往往完全依靠投资者的资金,并利用这些资金对监管机构施加影响,以确保那些非民选精英[1]能获得更多的政治权力。这些垄断企业的影响不仅局限于其所在行业,还对其他行业产生了不利影响。2020年,一个包括优步、来福车、门达外卖(DoorDash)、即刻达(Instacart)在内的科技公司联盟投入超过2亿美元,推动加利福尼亚州的第22号提案,以避免为那些本应在加州被归类为雇员的劳动者提供福利和保护。[原注7]

---

[1] 非民选精英(unelected elites)指的是那些通过非选举方式获得权力或地位的人,他们可能在社会、经济或政治领域拥有显著的影响力,但并没有经过公开、透明的选举过程来获得他们的位置。

最终，第22号提案被投票通过。

当然，这些公司并不总是反对积极干预的政府[1]。谷歌正在积极游说，争取政策支持，以增强其对儿童教育内容的影响力。与此同时，优步正在支持一项立法。该立法一旦通过，将使优步有能力积极挑战包括公交车、地铁和有轨电车在内的公共交通系统。

强生和辉瑞等制药公司为了扩大客户群，推广成瘾药物，阿片类药物危机就是有力的证明。强生公司因开展具有欺骗性和危险性的市场营销活动，大大增加了药物成瘾和过量服药死亡的情况，被判有罪。而辉瑞公司则支付了22亿美元的罚款，以了结联邦对其非法药物营销的指控。[原注8]

对行业的限制不仅限于软件和药物，就连我们日常消费的食品也沦为垄断的牺牲品。在美国，仅有的三家食品加工企业——泰森（Tyson）、皮尔格林普拉德（Pilgrim's Pride）和裴顿（Perdue）——主宰了鸡肉市场。对许多农民来说，他们只能将自己养的鸡卖给一个买家。如果他们不同意买家的条件，就可能会面临经济上的严重损失。

所有这些都引出了一个关键问题：我们是否应该默许让少数几家大公司控制我们生活中的关键领域，比如医疗保健、食品供应、交通系统和教育等？答案显然是否定的。因此，我们必须确保科技巨头严格遵守反垄断法规，同时将合作社视为一种对抗垄断力量的有效策略，这是全面反

---

[1] 积极干预的政府（activist government，也译作积极主义政府）：指在政治、经济和社会领域积极干预和管理的政府。

垄断行动计划的一部分。

几家科技大公司的主导地位体现了企业所有权日益集中的趋势。在美国500家最大的上市的公司中，88%的公司的主要股东为贝莱德（BlackRock）、先锋领航（Vanguard）和道富（State Street）。而在所有公开上市交易的美国公司当中，也有40%的公司大股东是这三家公司。这使它们成为事实上的所有者，拥有实际的投票权，同时它们还经常利用其投票权支持管理层、反对股东提案。[原注9]尽管股东资本主义的初衷是推动市场的民主化和投资，但如今的市场却未能充分体现民主原则。仅有企业领导的口头承诺和空洞保证是远远不够的。我们需要的是从根本上重新思考我们的经济体系，并将公平、正义和可持续性作为当务之急。

首先，我们怎么会走到今天这一步，让互联网核心部分的所有权变得如此高度集中？起初，互联网被誉为一个潜力无限的空间，一个公平竞争的环境，任何人都可以自由分享自己的想法，甚至实现他们最狂野的自由主义幻想，而不受企业守门人[1]的限制，似乎一切皆有可能。然而，互联网最初的理想主义愿景——一个民主化和去中心化的空间，已经让位于一个高度商业化和中心化的环境。

互联网的这种演变并非不可避免，也不是技术进步

---

[1] 企业守门人（corporate gatekeeper）指的是那些在特定行业或领域内拥有重要影响力、能够控制信息流通或资源分配的大型企业或组织。它们通常能决定哪些产品、信息或服务进入市场，以及以何种方式被消费者接触。

这一跨历史的事实所导致的。相反，这是立法者和商界领袖所做出的一系列决策的后果。脱离社区的"缺席股东"的统治和对用户的操纵让公众日益感到不满和愤怒。脸书数据泄露丑闻就是一个例证。当时，剑桥分析公司（Cambridge Analytica）擅自从脸书上抓取了8 700万个人数据，并通过针对性地向用户投放政治广告，试图影响选民的行为和决策。但与此同时，我们仍有希望将互联网重新恢复为公共资源，培育更加民主的数字公域，并创造一个忠于初衷、推动社区所有权的在线环境。

新冠疫情导致全球高达85%的劳动者对工作感到不满并缺乏参与感，许多人纷纷离开了大公司。[原注10]对于普通的平台劳动者来说，他们微薄的收入仅够维持生计，同时还得面对孤独和人身风险，他们陷入了低薪酬和高科技严密监控的双重困境。

从19世纪的乌托邦社会主义者如罗伯特·欧文，到当代之声如美国语言学家、哲学家和社会评论家诺姆·乔姆斯基，思想家们一直在探索如何在国家、较小的社会单位、工作场所，乃至个人的层面上，更好地"逆转占有关系"（appropriate the appropriators）。受亨利·圣西门、夏尔·傅立叶和欧文启发的合作社所有权模式，旨在恢复劳动者的尊严和控制权，推动企业与劳动者共同所有权的长期健康发展。在合作社所有权模式下，人们既能在线上参与全球数字平台，又能在线下与本地可信赖的朋友一起合作，同时还能掌控自己的个人数据。近年来，从可再生能源合作社到共享出行平台，从口译机构到网上书店，这种模式已经在多个领域受到广泛欢迎。根据美国哲学家罗伯特·爱德华·弗里曼（Robert Edward Freeman）提出的利益相关者理论，合作社所有权模式与"缺席股东"的不同之处在于，前者将劳动者视为真正的利益相关者。该理论提出了一个"利益共同体"（community of interests）的设想。这个共同体不仅将每家企业与其股东紧密连接，还让企业与劳动者、消费者、供应商、小投资者，以及更广泛的社群建立联系，他们拥有多元化关注点和不同利益诉求。在合作社模式中，劳动者和用户群体是其运营的生命线。

所有权模式的复杂性

合作社就像彼此相连的群岛，每个岛屿都有其独特的生活环境。受当地的语言、经济状况、文化传统和政治面貌影响，它们大小不同、形状各异。这种多样性让人难以将它们作为一种同质力量[1]来讨论。布鲁克林的公园坡食品合作社和佛罗里达的自然种植者合作社（Florida's Natural Growers）通过会员投票或其他方式，由其顾客运营管理。而其他合作社可能会采取社区共同所有的模式，例如共同拥有风力涡轮机或球队等。像绿湾包装工队[2]

---

[1] 同质力量（homogeneous force）指的是一个具有相同特征或性质的集体力量或影响力。在这个上下文中，它用来形容一个群体或组织在结构、目标、操作方式等方面的一致性或同质性。这个短语在描述合作社时，表达的是合作社之间在形态、规模、运作方式等方面的差异性，强调它们不能简单地被视作一个完全一致或相同的集体。
[2] 绿湾包装工队（Green Bay Packers）成立于1919年，是一支位于美国威斯康星州绿湾市的美式橄榄球球队，也是一支非营利性质、由公众共同拥有的球队。

和巴塞罗那足球俱乐部（FC Barcelona）这样的球队，其球迷和支持者是球队的集体所有者。[原注11]

合作社所有权是员工所有权的一种形式，另一种常见的形式是员工持股计划，即通过美国信托结构向员工分配股票。目前约有6 500家公司采用员工持股计划，这是美国最常见的员工所有权形式。[原注12]尽管该计划会向员工分配公司股票，但通常不会在公司运营方面给予员工太多发言权。员工持股计划在意识形态上具有多样性，并且结构极其复杂。

虽然一些员工持股计划曾与欺诈行为和恶劣的工作条件联系在一起，但有证据表明，许多员工持股计划成功地营造了积极的工作环境，其中一些甚至得到了"最佳工作场所"（Great Place to Work）研究的认可。例如，中国科技公司华为在2022年向在职及退休员工支付了96.5亿美元的分红，展示了该计划为劳动者带来经济利益的潜力。[原注13]公平地说，一些合作社，尤其是规模较大的合作社，也会产生好坏参半的结果，并随着时间的推移逐渐偏离合作社原则。

在新冠疫情期间，欧洲提议将亚马逊国有化。该提议宣扬了一条通往国家所有权的途径，代表了另一种满足社区需求的所有权模式。在欧洲各国的首都（包括布鲁塞尔），关于将脸书等大型社交媒体公司国有化的讨论也变得频繁。例如，对德国人而言，他们对主流电视台或广播电台国有化及国有化运营的模式相当熟悉。尽管德国广播电视联合会（ARD）和德国电视二台（ZDF）等公共电视台引发了激烈的争论，但人们普遍认为它们通过促进教育和健康的生活方式服务公众利益。因此，不难理解为什么许多德国人都乐于接受这样一种观点，即大型社交媒体平台应转为用户所有或是由国家所有并运营。相比之下，鉴于公众普遍认为美国政府失能，而脸书等社交媒体平台是人们表达想法和情感的场所，所以许多美国人对这些平台是否应该归联邦政府所有及管理，仍然持怀疑态度。

对国有化持批评态度的人，尤其是那些对国有化梦想持怀疑态度的合作社成员，确实有相当多的历史经验可循。他们可能还记得，自19世纪40年代初第一批公认的合作社成立以来，政府官僚、殖民统治以及后来的社会主义政府经常违背合作社的总体目标，并往往利用合作社形式来推动自身的政治经济计划。而当企业的业务涉及个人数据、言论自由和其他容易被滥用的领域时，其自身的敏感性将会使彻底的国有化（及征用）变得更加复杂。

此外，还需考虑如何克服当前相关利益者的激烈抵抗。2017年5月，内森·施奈德在推特年度股东大会上提交了一份草根提案，建议当时处境艰难的推特探索用户所有权模式的可能性。当时，推特并不是一棵摇钱树，未能实现风险资本和投资者梦寐以求的暴利和高增长率。就在那时，一个绝佳的机会出现了，那就是推出一种全新的所有权模式，将平台从私人股东目光短浅的财务动机中解脱出来。

"推特的经济模式已经变得与华尔街无异。"施奈德在一次采访中说道，"但华尔街对平台效用性的看法未必是我们的看法。如果我们改变推特的经济模式会怎样呢？如果用户们携手为自己买下推特又会怎样呢？"

阿尔明·施托伊尔纳格尔（Armin Steuernagel）是推特早期的投资人。他协助制定了由用户主导的收购提案，呼吁成立一家股权合资公司，并通过众筹的方式募集购买平台多数股权所需的 20% 的资金。一旦平台归用户所有，将根据个人对网络的贡献值分配投票权。这样一来，推特的员工和最活跃的用户将享有更多的特权和更大的决策权。

施奈德认为，结合相应的法规，用户所有权可以提供一种机制，确保数字平台上的民主自治和公平的利润分配。借鉴员工持股计划的经验，他主张建立用户信托，以推动向用户-所有者（user-owner）模式过渡。

除了员工持股计划、合作社和公有所有权等选择外，员工收购财务困难公司的历史源远流长、广为人知，尤其是当这种收购涉及复兴他们曾工作过的工厂时。这些例子不仅限于过去。20 世纪 90 年代末的金融危机导致 2001 年阿根廷比索崩溃，之后有超过 300 家工厂被阿根廷工人"复活"。2012 年，美国芝加哥一家窗户工厂因未能偿还贷款而被取消抵押品赎回权。工人们随后占领了工厂，并将其转变为一个归工人所有的合作社——新纪元之窗（New Era Window）。

尽管工人复兴初创企业或废弃工厂的模式获得了一定的成功，但将这一模式应用于规模庞大且极其复杂的全球社交媒体巨头，恐怕将面临更多挑战。推特的董事会和主要投资者——后者期待至少获得独角兽级别的回报——都反对用户收购的想法。将推特的所有权结构转变为用户所有，或许能够解决关于数据监控和不负责任的平台所有权的担忧。然而，在像推特这样拥有庞大用户群的平台上，如何确保决策过程的民主化，则是一个现实难题。即便采用用户大会等替代性决策结构，也无法保证能做出明智的决策并维持诚信，反而有可能引发情绪化的"多数人暴政"。

我们不做出尝试就无法知道这些问题的答案，但有一件事很清楚，那就是埃隆·马斯克对推特的收购突显了对有影响力的平台进行民主监督的必要性。相较于试图接管一个大型社交平台，创建规模较小、合作社所有的平台来替代推特是一个更可行的短期目标。这种平台才能够促进真正的社区联系，正如霍华德·莱因戈尔德（Howard Rheingold）所描述的"虚拟社区"那样。

尽管许多学者都提出了管理和改造数字平台的方法，但是英国政治学家詹姆斯·马尔登（James Muldoon）在其著作《平台社会主义》（*Platform Socialism*）中引入了社会所有权的概念。马尔登主张"通过数字资产归社会所有，并对支配我们数字生活的基础设施和系统实施民主控制，来组织数字经济"，这包括了国家所有权和其他所有权模式的结合。马尔登认为"市政运动"是实现这一目标的主要驱动力，因为市政当局是实验的理想场所，也是公民重获权力的途径。

该运动的核心诉求之一是分散权力，把权力从国家下放到地方政府，以更好地响应公民的具体需求。马尔登引用了罗萨里奥（阿根廷）、伦敦、巴塞罗那和洛杉矶的例子，表明结盟的地方政府最适合协助新兴的平台合作社，并推动整个社会走向系统性的平台社会主义。

2022 年，我与他人合著发表了一篇名为《数字经济中的合作社所有权政策》（Policies for Cooperative Ownership in the Digital Economy）的政策论文。我在文中回应了马尔登的观点，强调了市政当局政策在促进合作社所有权方面的作用。比如文中提到，合作社可以接受来自市政当局的非控股股份，使地方政府成为无投票权的成员，只参与但不控制合作社的运营。[原注 14] 我们认为这是提供财政支持、加强合作社与当地社区联系的一种方式。

合作社模式非常适合加强边缘化人群的力量。我们了解到，自雇妇女协会是在印度拥有 30 万成员的合作社联盟，它为合作社模式如何赋权给边缘化群体提供了一个范例：以前被视作贱民的女性现在可以参与共同生活项目、共同决策，即便在有毒的父权制环境中也能有尊严地生活。她们现在就可以改善自己的生活，而无需等到学者们想象的未来，如后工作社会、后资本主义和生态社会主义（尽管这些未来有效、必要且重要）成为现实。她们现在就能踏入通往更美好世界的大门并积极参与其中，即便这些世界可能存在缺陷。

我介绍的这几种不同的所有权模式都有各自的支持者。在他们之中，往往存在激烈的竞争，有时甚至是近乎信仰般的对立。然而，成功需要的是拥抱多样化，而不是固执地坚持单一的观点或立场。这需要一系列广泛的技能组合，其中包括商业和技术专长、社区建设、文化塑造、政策研究、全球协调、公共倡导，以及象征性和实践性的行动。最重要的是，我们要培养一种相互支持和合作的氛围，这种氛围基于一种信念，即我们全都在朝着共同的目标而努力。让我们停止内讧，挣脱束缚，伴着团结的旋律，愉快地跳起轻盈的舞步。

想了解合作社所有权模式的力量，我们可以把视线转向美国。在那里，每年有超过 65 万人从监狱释放。劳动者合作社为他们中的一些人提供了有尊严的生活和共同决策的机会。例如，位于华盛顿特区的泰特希夫特劳动合作社（Tightshift Laboring Cooperative）为曾经入狱的人提供了就业和康复的机会。这是一家由劳动者所有的商业合作社，不仅提供体力劳动服务，还使用环保产品提供价格公道的高质量清洁服务。另一个例子是位于巴尔的摩的科尔人力资源（Core Staffing），这是一家为重返社会的公民提供服务的人力资源合作社。合作社不仅为曾经入狱的人提供了稳定的就业，还给他们提供了一个机会，让他们在影响自己生活和社区的决策中拥有重要的发言权。这一点尤为重要，因为这些人中的许多人往往处于弱势，并被剥夺了联邦选举的投票权。由于合作社由其成员拥有和管理，因此每个成员，不论其背景如何，都有平等的发言权。这使得重返社会的公民在工作场所重新获得了话语权、所有权和自主权。

既然由劳动者拥有的平台合作社有潜力创造巨大的社会价值，为什么这种合作社在新兴的数字经济中仍相对稀少呢？部分原因在于人们对其缺乏认识。尽管合作社在低收入和高收入国家都有悠久的历史和强大的影响力，但法学院并不教授合作社的相关知识，商学院也没有将合作社列为选修课。[原注15]甚至在经济学的教科书中也找不到关于合作社的内容,这背后的原因包括:学者们维护的主流经济学范式的主导地位、偏好私人所有权的叙述倾向、公众对合作社的有限认识、企业的影响、研究的不足,以及围绕合作社的认知挑战。

根据意大利哲学家安东尼奥·葛兰西(Antonio Gramsci)提出的霸权常识理论,主导文化常常通过无数微妙且复杂的方式,以文化为武器来维持现状。我们通常将传统公司和雇佣关系视作理所当然,就像呼吸的空气一样自然。当慈善基金会将低收入移民或其他弱势群体安置在企业的底层岗位时,我们被教导要为此鼓掌欢呼。但是帮助他们拥有并经营自己的企业呢?这个选择并不在人们期待的范围之内。一家基金会将由劳动者所有的 Up & Go 称为"非美国式的"(即,不符合美国价值观的),而几位来自知名大学的学生则表示,他们的导师条件反射般地反对合作社所有权模式,并经常倾向于将合作社描绘成有原则、有良好意愿但在资金和管理问题上苦苦挣扎,永远无法有效扩大规模的机构。要改变这种"奥弗顿窗口",将需要我们认真地付出努力、重视教育并投入时间。[原注16]

合作社所有权被描述为"通过行使一系列权利,使公司作为一个超越个体成员的集体实体而存在"。[原注17]合作社中的惠顾活动常常赋予其成员一定的权利,但所有权与控制权之间的关系常被误解。许多人认为"所有权"意味着成员对公司的运营规则和资金流动拥有完全的控制权，且理想情况下无需亲自参与公司的治理和决策。这正是现代企业的运作方式。在现代企业中，金钱可以买来影响力和权力。然而，对于美国普通工薪阶层来说，这种所有权遥不可及。但由劳动者拥有的合作社提供了一种不同的、民主的权力结构，让全部的成员-所有者（member-owners）都享有平等的地位。在这里，影响力必须靠自己争取。在等级制或绩效制中，决策通常不会征求所有人的意见。然而，参与式的劳动者合作社实行民主决策，成员需要说服同事支持自己的想法。个人魅力、文化同质性和友谊等因素都可能影响这一过程的成败。虽然合作社的形式平等不受金钱威胁，但这种模式并不能保证结果的公平性。尽管如此，合作社的民主化安排植根于强烈的社会目标，提高了实现公平和参与式结果的可能性。

编码价值观：Up & Go的案例

在数字平台经济中，合作社所有权如何实现更公平的财富分配，Up & Go 就是一个很好的例子。Up & Go 是纽约一家提供家庭保洁服务的平台合作社，也是美国 465 家以盈利为主要目的的劳动者合作社之一。Up & Go 的女性成员发现了其平台合作社运营的四个显著特征：原本不稳定的小型合作社获得了更高的市场曝光率；成员可以得到更多工作，赚取更高收入；预订流程变得简化和高效；有机会吸引更多合作社成员。这些特征与创办传统的科技公司所遇到的挑战和挫折形成了鲜明对比。

与其他合作社一样，Up & Go 并不以薪资等级和市场行情来决定首席行政官级别员工的薪酬。相反，薪酬的确定方式与其他所有事务一样——通过民主决策。这种做法带来了难以量化的心理和社会益处。"在传统的企业中，工作可能会让你感到自己很差劲。"一位 Up & Go 的员工告诉我，"但是在合作社工作就不同了。你拥有这个企业，并因此获得报酬。如果你拥有某物，那么你也拥有了与之相关的工作。"[原注 18]

劳动者合作社自成立以来，平衡个人欲望和企业需求一直是其组织文化的核心挑战。两个世纪以来，员工-所有者都面临着这种矛盾，但他们持续通过民主程序来应对这一挑战，努力探寻既能让企业取得成功又能为成员谋福祉的解决方案。[原注 19]

作为一家综合性合作社，Up & Go 联合了布鲁克林三家独立的劳动者合作社。这三家合作社都由女性外籍劳工（大多是拉丁裔）经营。该组织的运行方式有点类似行会，它控制并保障劳动力供应、制定自己的规则，并提供专业发展支持。Up & Go 旗下的劳动者合作社——布赖特利合作社、埃科蒙多合作社（EcoMundo）和清洁合作社（Cooperative Cleaning）——都以有限责任公司的形式合法注册，这是一种在美国很容易成立的企业类型。

正如我在本章开头所提到的，在纽约家政服务行业里，从事用人、清洁工和保姆工作的女性占了大多数，其中半数未被记录在案（即无证劳工）。[原注 20] 仅在纽约市，家庭保洁市场每年的收入就高达 2.73 亿美元。而合作社家庭保洁市场只是其中的一小部分，仅为 150 万美元。[原注 21] 但是"拥有属于自己的企业有多种多样的巨大好处——包括无需就业文件就可以拥有一些东西",新教福利机构联盟的政策、倡导和研究协调员迈克尔·保内说道。[原注22] Up & Go 的女性在许多方面都追随着非裔美国人的步伐。非裔美国人在实行合作社所有权方面有着悠久的历史,"尤其是在将其作为经济发展策略和更广泛经济独立运动的一部分这一方面。"美国学者杰西卡·戈登·内姆哈德在其著作《集体勇气》(*Collective Courage*)中强调道。[原注23]

作为共同所有者,Up & Go 的女性必须对平台的特性和整体运营做出关键决策。每人一票,无论资历深浅。Up & Go 取消了中间商,因此只收取 5% 的佣金,其余 95% 的收入直接归合作社所有。相比之下,传统的科技平台通常要从员工的工资中抽取 20% 到 50% 的高额提成。

传统公司往往不如 Up & Go 这样的平台合作社有活力。这并不奇怪,因为与后者不同,前者并没有将劳动者所有权视为其核心价值。美国学者理查德·弗里曼(Richard Freeman)引用统计数据表明:"员工拥有产权份额的公司(如 Up & Go)生产效率更高,还能够激励员工更努力工作、更有责任感,促进员工的创新精神,并为员工带来其他各种好处。"[原注24] Up & Go 的员工共同拥有企业 100% 的股份,没有外部股份。2022 年,成员们投票决定收取每人约 75 美元的会员年费,但是拥有所有权并不要求购买股份。Up & Go 不仅防止客户在后续预约时指定员工服务,以降低性骚扰的风险,还确保使用无毒环保的清洁剂。

劳动者合作社为其成员可能在别处遭遇的系统性种族

主义[1]提供了重要的替代方案。在美国，这种种族主义仍在持续贬低黑人和棕色人种的工人阶级。无论是传统平台还是数字化平台，通过接纳合作社所有权模式，人们可以努力构建一个更加公平、公正的社会。合作社所有权模式对低收入少数族裔来说是一个令人信服的前景，可以帮助他们回避主流经济结构和制度中弥漫的排斥和边缘化现象。通过接纳合作社所有权模式，他们可以掌握自己的经济命运，成为自己工作场所的建造者。在劳动者合作社里，成员能够以平等的身份一起工作，同时保留对企业关键决策方面的控制权，如产品和服务设计、薪酬结构和数据治理策略等。这些都不是抽象的概念，而是实际的生活经验。美国工人合作社联合会（the United States Federation of Worker Cooperatives）的执行董事斯特班·凯利（Esteban Kelly）表示这非常重要，因为所有权带来的实际好处（如变卖资产或利用资产来获得所需资金的权力）与尊严和团结等吸引人但抽象的概念相辅相成。

合作社的价值观被嵌入到这些组织机构之中。对数字平台合作社而言，这些价值观是通过编码的形式嵌入的。合作实验室（CoLab）是一家位于纽约上州的科技合作社。当这家合作社与 Up & Go 的员工-所有者合作设计其适用于移动设备的网站和手机应用时，他们遵循了

---

[1] 系统性种族主义（systemic racism）指的是根深蒂固地存在于一个社会、机构或组织的结构、政策、程序和实践中的种族歧视。这种歧视不是由个人的偏见或有意的歧视行为单独造成的，而是由长期存在的社会结构和系统性因素所维持和强化的。

员工的意愿，删去了员工的个人资料。这一点至关重要。正如社会心理学家肖莎娜·祖波夫（Shoshana Zuboff）所描述的，劳动力平台是一种新的行为矫正形式，实际上意在通过使用不透明的算法，取代计程车司机和送餐员的人类老板。[原注25] 除此之外，背靠风险资本的应用程序内置的信誉系统，往往让员工相互竞争，从而导致评分低的员工被解雇。Up & Go 的成员对平台的编码有发言权，以确保编码符合他们的价值观。他们还聘请了文化相容的科技合作社——合作实验室——来完成编码工作，这使得员工-所有者能够保留为 Up & Go 网站提供支持的软件的知识产权。他们以前从未对自己的技术拥有过任何形式的版权或控制权，而现在这样做则赋予了他们一种自主权感和控制感。每位女性不仅是合同工，还是企业老板和科技创业家。

Up & Go 的网页从一开始就不是开源的。合作社的支持者中，并非每个人都赞同这一点。尽管合作实验室提倡开源，Up & Go 的女性在意识形态上也不反对开源，但是 Up & Go 把企业的生存放在首位，这意味着是否开源并不是他们一开始优先考虑的问题。然而，现在他们正在探索许可模式[1]，并积极思考如何让他们的源代码更易获取。采用支持共享资源的方式，把开放源代码或源代码可用作为平台合作社所有权的基础，将显著推进合作社价值观，

---

[1] 许可模式（licensing models）指授权他人使用或分发特定产品或服务的规则和条款。在软件开发领域，许可模式用于规定使用者如何使用软件、分发软件以及与软件相关的权利和义务。不同的许可模式可能包括开源许可、专有许可、免费软件许可等，每种许可模式都有其独特的规定和限制。

并有助于进一步实现合作社运动目标。此外，Up & Go 可以将使用的软件与其他合作社共享，从而促进合作社之间的合作，这也符合国际合作社联盟的第 6 项原则。

正如我之前所提到的，传统的风险资本、基金会和市政当局往往认为，有移民背景或在经济上处于弱势的人没有能力创建、拥有并运营一家科技初创企业。然而，司机合作社和 Up & Go 等平台合作社却证明，只要获得适当的帮助，他们完全可以做到。Up & Go 与家庭生活中心（CFL）携手合作。最初，家庭生活中心主要为缺乏基本就业技能的低收入人群提供支持，如简历撰写、面试技巧和面试着装等。然而，随着家庭生活中心逐渐认识到，为个人安排有尊严的、更高收入的工作是一场艰苦的战斗，便转而开始支持合作社的发展。家庭生活中心的核心见解是：传统的就业机会无法为弱势群体提供有尊严的或待遇优厚的工作，难以让他们维持体面的生活，而劳动者合作社则提供了另一条切实可行的道路。

平台合作社的创建不仅受到了家庭生活中心等合作社开发者的支持，也得到了工会的大力支持。总部位于巴塞罗那的送餐平台合作社门萨卡斯（Mensakas）就是一个例子。门萨卡斯合作社分别得到了法国共享服务合作社库普赛克（CoopCycle）的软件支持，以及加泰罗尼亚工会协会（IAC）的治理和公共教育支持。该协会代表 6 个工会，有 11 600 名成员分布在各个行业。[原注 26]

数据合作社以及所有权和治理的其他实验

到目前为止,本章通过展示各种成功的合作社例子及其潜在好处——如薪酬更好、员工留存率更高、长期生存能力更强、可持续性更佳、工作条件得到改善,以及员工之间有更强烈的社区意识和团结精神等——强调了合作社带来的尊严感。本章也讲述了数据合作社、信托、工会、去中心化自治组织、机器学习,以及分布式技术的兴起,这些组织和技术旨在开发优先考虑去中心化、社会影响、包容性、互惠性、集体治理和透明度的新数据治理模式。这些新模式以合作社的集体所有权和共同管理为基础,使个人能够将其数据汇集起来以创造集体利益,并通过集体访问和控制来管理这些利益。

非营利性组织 MIDATA 就是一个很好的例子。2015年,苏黎世联邦理工学院和伯尔尼应用科学大学的研究人员成立了 MIDATA。其使命是支持用户,让他们掌控自己的健康数据,决定谁以及出于什么目的可以访问这些数据。这种集体所有权和共同管理的合作社模式,可以确保健康数据的利益在其生产者之间得到更加公平的分享。MIDATA 的模块化架构和治理结构使其能够在其他地区组建姊妹合作社[1],从而在保持对隐私和透明度承诺的同时,实现更大的可扩展性和影响力。

MIDATA 成立4年后,德国也创建了数据合作社——

---

[1] 姊妹合作社(sister cooperatives)指在相同的理念和价值观基础上,与原始合作社有着密切联系并合作的其他合作组织。这些姊妹合作社通常共享相似的目标和愿景,可以相互支持、合作和共享资源。

波利波利合作社（polypoly Cooperative）。该合作社允许用户将他们的数据储存在自己的设备上，赋予他们对个人信息的控制权，从而体现了一种协作和模块化的数据治理方法。数据合作社授予个人在收集、使用数据的组织中的访问权和控制权，而去中心化自治组织则实现了无需中介或中央权威的集体决策，使得去中心化和自治的社区能够透明运作。去中心化自治组织旨在通过硬编码规则建立信任，通过代币分配所有权，并根据利益相关者所有权、贡献和声誉赋予投票权。由去中心化自治组织授权的治理模式，结合合作社所有权及管理，有潜力将权力从平台转移到用户手中，并已在欧盟初步推进了立法工作。除了去中心化自治组织，数据合作社、用户信托和数据工会也可以利用人工智能、机器学习和分布式技术来开发新的数据治理模式。

以上这些案例展示了合作社所有权如何在多个领域和背景下增强控制权、推动平等和正义，最终为劳动者、社区和个人带来更多的幸福感。劳动者合作社和平台劳动者合作社可以成为社会边缘群体重要的安全网和生命线。

我回想起古吉拉特邦那位老妇人骄傲地将手放在水管上的场景。那根水管拯救了她的家庭，帮助他们摆脱了贫困。这让我想起了我遇到的其他许多人，他们也有着相似的故事：在巴塞罗那、柏林和博洛尼亚飞奔的送餐员，纽约市的计程车司机和家政从业者，他们的生活通过合作社得到了改善。我设想了这样一个场景：我们齐聚一堂，并肩而坐，其间有经济学教授、市长和基金会官员这类断然否认所有形式的员工所有权的怀疑论者,还有生活得到彻底改变的劳动者。在护工和计程车司机的故事中,我们看到通过合作社所有权,他们人生发生了深刻的变革,劳动者合作社确实有效地改变了他们的生活。我希望这些确凿的证据能说服那些怀疑论者,并促使他们重新审视并认识到,在全球面临危机之际,为合作社模式提供所需的金融、制度和政治支持迫在眉睫。

第三章　大规模团结

2018 年夏天，我来到印度西部的棉花和纺织业之都艾哈迈达巴德。这座繁华的城市位于萨巴尔马蒂河畔，拥有 800 多万人口。我的联系人和向导是 30 岁的纳姆亚·马哈詹，她是自雇妇女协会的总经理。自雇妇女协会是一个由 106 家合作社组成的工会和全国联合会，其总部设在一栋简朴的三层红砖建筑内。这栋建筑邻近萨巴尔马蒂静修院[1]，圣雄甘地未出游或未被监禁时曾居住于此。

1972 年，一群妇女为了给自己的生意筹集小额贷款，创办了自雇妇女协会。现在，自雇妇女协会已经扩展为一个合作社联盟，覆盖了从牛奶生产、制药到服装制造等一系列传统和现代行业。50 年来，它不仅是印度国内的一股力量，更是全球的灯塔，是世界上最大的、代表从事非正规工作的女性的组织。

该协会的文化反映了其成员的多元宗教背景。在抵达艾哈迈达巴德的第一个早晨，我和纳姆亚以及其他 25 名女性一起，坐在一条红蓝相间的传统手工编织地毯上。这条地毯铺满了自雇妇女协会的全国总部、公共健康 SEWA 信托（Lok Swasthya SEWA Trust）的大型社区活动室。在这里，工作人员每天都以不分宗派的吟唱开始一天的工作，他们吟唱着次大陆丰富多彩的精神生活。印度教徒、伊斯兰教徒、耆那教徒、基督徒、无宗派者——这些音乐颂歌融合了不同信仰，是一个广泛而包容的仪式。

数十年来，自雇妇女协会的使命和活动不断扩展，以反映这种广泛性。半个世纪之前，自雇妇女协会为了帮助贫困妇女筹集资金而成立。自此之后，该组织已经发展成为一个多元化运作机构，不仅支持妇女运营的合作社，还帮助成员成长为领导者，同时加强合作社治理实践。它为家庭提供广泛的社会服务，包括读写教育、营养咨询和儿童保育。这种同时解决社会和经济需求的整体生态系统方法对自雇妇女协会的成功至关重要，因为它能够满足在印度占主导地位的非正规经济中贫困女工的需求。

这种模式的种子从一开始就埋下了。该组织的创始人、已故的甘地活动家和组织者艾拉·拉梅什·巴特（Ela Ramesh Bhatt）将识字教育计划纳入了她的工作中，以帮助当时被国有化银行认定为"无借贷能力"（unbankable）的女性。这些女性通过学习获得的技能帮助她们取得了非凡的成就：1974 年，自雇妇女协会出资 10 万卢比，成立了尊贵妇女服务合作社银行有限公司（Shri Mahila Sewa

---

[1] 萨巴尔马蒂静修院（Sabarmati Ashram），现为甘地纪念馆。甘地选择这个地方是因为它位于监狱和火葬场之间，作为一个坚持真理和非暴力抗争的斗士（satyagrahi），他认为生活在这样的环境里很合适，因为这代表了斗士可能的两种命运：监禁或死亡。这里也是甘地撰写自传《我对于真理的实验》的地方。

Sahakari Bank, Ltd）——简称 SEWA 银行。当时，4 000 名女性以低至 10 卢比（在撰写本书时约合 12 美分）的金额做出了自己微小的贡献。

这些女性很快意识到，印度高昂的医疗费用使许多银行成员很难甚至无法偿还她们的小额贷款。于是，她们着手创建了一个计划，并于 1984 年推出。该计划以每年 85 卢比的费用为其成员提供医疗保险。大约在同一时期，自雇妇女协会开始走出城市，迈向农村，帮助女性发展农村和农业合作社。简言之，自雇妇女协会开始走向规模化。

在合作社运动中，"规模化"（scaling）这一概念引发了热议。由于其错综复杂的思想谱系及在保护合作社文化和确保透明度方面的挑战，"规模化"仍是概念上争议最大的术语之一。

尤其是英籍德国人、经济学家 E.F. 舒马赫 1973 年的畅销书《小的是美好的：一本把人当回事的经济学著作》(*Small Is Beautiful: A Study of Economics as if People Mattered*)，赋予"规模化"持久的影响力。[原注1] 舒马赫在缅甸旅行时受到启发，他坚信小公司通常才是最佳选择。他提出了一种绿色、人性化规模的经济和技术方法，以替代 20 世纪 70 年代特有的经济"巨大化"（gigantism）。现代舒马赫式的批评往往反映出从多种信仰传统中提取的思想，但这些信仰传统，包括佛教，都没有明确反对规模化。在坚持合作社核心教义的同时，我们也可以相信，平台合作社无论规模大小，都各有其价值。正如我希望在本章中所表明的那样，要了解合作社的规模化，需要考虑各种因素和复杂性。我们必须承认，不存在一种通用的解决方案，因为最佳规模取决于企业、行业和地理位置的独特特征，这些特征横跨了从本地到全球的各个层面。平台合作社通过一系列策略来实现规模化，如联盟、共享数字基础设施、将初创企业转变为社区所有权模式，探索 Web3 原型和构建全球合作社等。在此过程中，有利的法规、法律架构和合作社发展机构等外部因素也被纳入考量。

规模化的不明确性带来了挑战，因为一些人反对任何形式的扩张，哪怕这种扩张能推动气候问题的技术解决方案，或是为失业人员创造就业机会。

网约车或短租等行业可能需要国际扩张，而像家政或照护这样的领域无需成为全球性的数字平台也能蓬勃发展。要想使这些行业实现与硅谷科技公司相同的增长轨迹，前景非常渺茫。在认识到这一点后，我接受了人类学家罗安清（Anna Lowenhaupt Tsing）在《论不可规模化：生命世界不宜套用精确嵌套的规模》（On Nonscalability: The Living World Is Not Amenable to Precision-Nested Scales）一文中提出的"不可规模化"（nonscalability）概念。尤其是在家庭照护和家务劳动等领域，自然世界的复杂性抵制了僵化的层级规模。我们如何定义规模化的过程及其目标，将决定我们能否展开有建设性的对话，讨论规模化对于特定合作社或整个运动来说，是权宜之计还是意义深远。而若要讨论规模化，首先必须明确规模化不是什么。规模化不是我们所反对的事情。换言之，它不是风险资本逻辑的镜像。风险资本逻辑将扩张本身视为最重要的目标，以此来增加投资和获取利润，并致力于经营者的利益最大化。[原注2]从合作社运动的历史中，我们可以清楚地看到，在近两个世纪里，从未有一个劳动者合作社是以传统经济主体的方式，为消除全球垄断而成立。

我认为，将"规模化"简单理解为旨在追求市场主导地位的扩张是一个错误。规模化甚至不要求企业必须在尽可能多的地区和国家开展业务，或触及尽可能多的客户。合作社规模化的关键指标完全不同，其核心因素在于尽可能实现最好的总体成果或回报，这超越了普通的财务回报。这里存在一个广义的"社会回报"，包括财务利润和社会效益。根据经济学家的说法，这是在计入正面和负面"外部性"[1]之后的财务利润。合作社在政治和经济环境中运作，不仅承担外部成本的负担，还主动将对环境和社会产生的负面影响纳入考量，并作为其商业模式和决策过程的一部分。而传统企业通常不需要对这些影响承担全部责任。

因此，我们不仅需要区分传统规模化和合作社规模化的价值和目标，还要区分合作社规模化的不同类型。

第一种合作社规模化是"扩大规模"（scaling up）。从表面上看，这跟传统的规模化非常相似，因为它涉及运营规模的扩大以及随之产生的规模经济效应。但是稍后我们将会看到，在合作社背景下，"扩大规模"有着全然不同的目的。第二种规模化是"向外扩张"（scaling out），即在其他地区和领域推广和复制现有模式及类似

---

[1] 外部性（externalities）在经济学中描述的是一个经济行为或决策对第三方（即不是交易双方）产生的、未在市场交易中得到补偿的成本或收益。这些成本或收益可以是正面的（带来好处）或负面的（带来损害）。

活动。最后一种是"深度扩张"(scaling deep),是指通过有意识的、具有文化敏感度的、参与式的实践,在特定地点创造价值。这些实践优先考虑关怀,并深化利益相关者之间的关系。[原注3]

经济学家们争论的焦点包括规模化与范围的区别,以及纵向规模化、横向规模化和集团规模化三者之间的差异。"规模化"指的是公司的大小;"范围"指的是业务的广度。当公司在某一特定行业内扩大其业务规模时,就会出现纵向规模化。例如,一家只卖面包的小烘焙店可能决定开始提供三明治和酥皮点心。而当公司将业务扩展到其他行业时,就会出现横向规模化。譬如,一家服装公司可能开始出售生活用品,或是一家科技公司可能开始销售汽车。当一家公司收购了隶属不同行业的另一家公司后,便会形成集团规模化。例如,一家制药公司可能会收购多家连锁零售店,一家媒体公司可能会收购一家建筑公司。

围绕平台合作社规模化的热门讨论,往往局限于对"扩大规模"的狭隘理解,因而常常毫无帮助。许多学者在讨论平台合作社规模化的问题时,倾向于分析这些合作社是否有潜力击败谷歌或优步这样的行业巨头,并最终得出它们不太可能做到这一点的结论。然而,这种分析框架为错误的问题提供了正确的答案。合作社过去很少将企业挤出市场,而且这种垄断思维的分析框架不仅模糊了多数倾向于社会正义的合作社未有效实现规模化的原因,还模糊了规模化用于推进合作社目标和价值观的真正意图。

自雇妇女协会的向外扩张和深度扩张表明,合作社规模化并非硅谷初创企业所追求的那种规模化。这一实例也证明了，扩张不一定与合作社的成功或其理念相冲突。它展示了联盟和联合会如何作为其成员和社会目标的力量倍增器，通过复制地方和跨区域的成功模式，实现规模化。这种规模化采取了一种我称之为"**系统方法**"或"**生态系统方法**"的方法，旨在构建一个朝着共同愿景努力的机构网络。

我们将在下文探讨，某些特定行业特别有利于合作社生态系统或联盟的发展。在这种生态系统或联盟中，平台合作社能够蓬勃发展并相互协作。这种模式是对19世纪乌托邦社会主义者和工会（如美国劳工骑士团）所倡导的全球合作社联盟的数字化升级。劳工骑士团在19世纪80年代的计划中呼吁创建一个多种族的"合作社共同体"（cooperative commonwealth）。[原注4]

要在数字时代重新唤起"合作社共同体"的概念，就必须解决合作社支持者中存在的怀疑态度，因为这种态度往往会阻碍对规模化问题的深入讨论。一些人将"规模化"视作特洛伊木马，认为它偷偷引入了企业的"增长主义"（growthism），可能会破坏合作社的核心原则。

2020年6月，我在新学院创立的平台合作主义联盟与蒙德拉贡大学合作举办了一系列的活动和课程。在此期间，我亲身感受到了这一点。当时第一波疫情大流行刚刚过去，我们的活动和课程吸引了来自数十个国家的上千名参与者。[原注5] 在"平台合作社，现在开始！"（Platform Co-ops Now！）课程中，我谈到了规模化问题。我在提到互联网可以使合作社所有权超越传统实体模式时，遭到了强烈的反对。一些参与者甚至幽默地用"合作社炼狱"来威胁我。然而，这却引发了一场更广泛的对话，讨论在何种情况下规模化是必要的。尽管规模化不仅有潜力创造出众多薪酬更高、更具尊严、拥有集体发言权和代表权的工作，还能增强与供应商的议价能力，并对环境产生积极影响，我们仍旧反复思考了拒绝规模化的合理性。

在本章中，我们的一个目标是证明，由相互依存却又独立自治的合作社组成的多元化合作社经济，其存在意义不仅仅在于挑战数字经济中的主导企业。虽然努力超越这些顶尖企业值得赞扬（在适当的情况下，我们确实应该这么做！），但关键是要认识到，这些企业的持续存在并不构成我们的失败。如果贾森·S.斯派塞（Jason S. Spicer）的论断成立，即单个合作社"必须达到一定规模才能有足够的效率生存下去"[原注6]，那么这种规模完全可以借由小型本地合作社的联盟网络或合作社集团来实现。通过利用共享数字基础设施，这些联盟网络和集团能够达到与规模更大、更传统的企业实体相似的运营效率。然而，必须强调的是，这些合作社的价值不应以其是否有能力"斩落优步巨龙"来衡量。

2019年2月，围绕亚马逊计划将总部迁往纽约这一注定失败的提案，人们展开了激烈的讨论。在此期间，民主党议员亚历山德里娅·奥卡西奥-科尔特斯与她的选举办了一次社区市民大会。[原注7]"如果杰夫·贝佐斯想成为一个好人，"她说道，"他应该把亚马逊转变为劳动者合作社。"[原注8]亚马逊长期以来的不良行为，促使奥卡西奥-科尔特斯强烈呼吁对这家"万物商店"进行彻底改造。^[原注9]不出所料,这个电商巨头不仅遭到了130万名员工的集体罢工,还不断面临一波又一波的法律诉讼、反垄断政策提案的挑战以及将其国有化的强烈呼声。^[原注10]

奥卡西奥-科尔特斯是首位主张将亚马逊彻底转型为劳动者合作社的知名人士。自她发表言论以来,关于合作社模式下的亚马逊可能是什么模样,或这种转变是否可行,几乎没有任何深入探究。

把亚马逊等事实上的垄断企业转变为劳动者合作社的建议,是基于这样一种信念:集中式的多利益相关者平台作为一种市场模式,不仅更有可能崭露头角,而且有潜力挑战不可阻挡的"网购黑魔王"的统治地位,同时还能提供一种更道德的全球可访问服务。虽然合作社银行和大型合作社零售网络在许多方面与竞争对手只有细微的差别,但人们普遍认为它们在道德实践和社区影响方面优于主流商业企业。平台合作社,包括奥卡西奥-科尔特斯所设想的亚马逊合作社,经常被誉为"反垄断利器"(antimonopoly hammers)和应对主导平台挑战的民主替代方案。Shareable的联合创始人、出版商尼尔·戈伦夫洛(Neal Gorenflo)认为,平台合作社为数字经济中可怕的"死星"[1]提供了一个可行且道德的替代方案。^[原注11]

DisCo 和 GMC(Guerrilla Media Collective)合作社

---

[1] 死星(Death Star)作为一个比喻,通常指的是在其所处行业或领域内极具统治力、几乎无法被挑战的大型企业或平台。这个比喻来源于《星球大战》系列电影中的"死星",一种拥有强大破坏力、能够摧毁整个星球的超级武器。在商业或技术领域,使用"死星"来形容那些市场地位几乎牢不可破、对竞争对手构成巨大威胁的公司或平台,暗示它们强大到足以"摧毁"竞争对手或重塑整个市场格局。

的联合创始人斯塔科·特龙科索（Stacco Troncoso）也持有同样的观点。"我们应该超越那些大公司。"他告诉我，"我们可以做到，因为我们不必把对股东负责作为第一要务。"[原注12]芬兰合作社成员列奥·萨马拉赫蒂（Leo Sammallahti）在平台合作社论坛上发表的评论也表达了类似的观点，他写道："我们应该有雄心和信心去追求一个新世界，在那里，我们将取代占主导地位的资本主义参与者。"[原注13]我对创造富有启发性的新事物充满热情，并全心投入这趟旅程中。我们不应该把自己局限于看似可能的事物。然而，我们也不应该只专注于取代数字巨头。我们可以接受这样一个理念，那就是我们也能创造出美好且具有变革性的事物，与数字巨头共存。

目前，尽管并非不可想象，但即便是最强大的平台合作社，也不太可能成为价值数十亿美元的科技公司的对手。而指望一个年轻的草根运动能打败这些科技大企业，无异于要求一个5岁的小孩背着60磅重的背包徒步11个小时。[原注14]

平台合作社应该被创建和管理，以便能够与这些大型企业竞争——事实上，合作社别无选择，只能参与竞争——并力图在市场中赢得重要的第二或第三的位置。然而，与那些违反劳动法或进行价格倾销的企业竞争，可能会非常困难。但是，在魁北克和纽约市，伊娃合作社（Co-op Eva）和司机合作社就是这样与来福车展开激烈竞争的。斯托克西联合社在与盖蒂图片社（Getty Image）的竞争中也夺取了一席之地。Up & Go则在与好易帮（Handy）和跑腿兔（TaskRabbit）竞争。

研究表明，合作社不仅可以和大企业并存，而且在某些情况下，合作社甚至能超越大企业，例如在芬兰、西班牙和意大利的艾米利亚-罗马涅大区。有一项研究展示了荷兰社区合作社银行如何成功地规模化，以便与资本雄厚的企业银行竞争和共存。[原注15]在这些地区，合作社之所以能成功战胜企业竞争对手，关键因素在于市政当局不遗余力地执行现有的劳动法规和环境法规，从而确保竞争对手承担其运营的全部成本。

除了实施方面的挑战之外，以亚马逊为蓝本建立一个合作社垄断企业是否可取，这一点也尚不明确。那些已经成功"扩大规模、向外扩张、深度扩张"的合作社，通常采用了生态系统的方法来构建小型合作社网络，该网络往往以银行、信用社或社会保障合作社为起点。这使得艺术、医疗保健、网约车服务和送餐领域的合作社能够保持小规模、本地化和响应迅速的特点。此外，联盟的持续扩张能够为其成员合作社提供充足的支持，协助它们在区域乃至全国市场的竞争中站稳脚跟。与此同时，这些合作社能够在一个日益加深的支持机构网络中为彼此的成员提供服务。

在地方、国家，乃至跨国层面，都存在许多小型的合作社共同体。其中一些尚处于萌芽阶段，另一些则已经相当成熟。例如，俄亥俄州克利夫兰市的常青合作社（Evergreen Cooperatives）由多个不同企业组成，包括环保洗衣房、太阳能公司和城市农场。这些企业由两百多名员工共同所有，其中许多员工来自低收入家庭。[原注16]同样，在密西西比州，杰克逊合作计划（Cooperative Jackson initiative）[1]涵盖了各类企业、一个劳动者合作社联盟、一个合作社孵化器、一家金融机构，以及一个旨在消除贫困和种族不公等历史遗留问题的可持续住房项目。而芬兰、意大利和印度的国家及地区合作社共同体，则将各行各业的劳动者和工会合作社组织融入到了相互支持的网络之中。[原注17]

加泰罗尼亚的实验性平台合作社 La Zona（意为"该地区"）有志于挑战亚马逊的主导地位，是一个非常有趣的合作社共同体的范例。La Zona 始于 Opcions，它是一个负责道德消费（ethical consumption）的合作社宣传部门。该部门与其他几家合作社合作，旨在提供一个长期且道德的本土替代方案来对抗亚马逊等大型在线零售商。在加泰罗尼亚自治区政府和巴塞罗那市政府种子资助金[2]的支持下，La Zona 自 2021 年启动以来，一年内便成功吸引了 100 家企业入驻——虽然还不足以让亚马逊白领阶层感到恐慌，但这是一个开始。据创始人介绍，La Zona 非常重视买卖双方在地理位置上的邻近性。他们有 50 个配送中心，配送员通过步行、骑自行车或滑板车派送包裹。无论派送多少个包裹，配送员都按固定费率获取报酬。

La Zona 最初得到了加泰罗尼亚自治区政府提供的 16

---

[1] 杰克逊合作计划是一个旨在促进密西西比州杰克逊社区经济和社会发展的合作社网络。
[2] 种子资助金（seed grants）：一种旨在支持初创企业或项目的资金，通常用于启动初期的研究和开发。

万欧元启动资金,以及巴塞罗那市政府额外拨款的 5 万欧元资金。La Zona 的案例突显了这类市场必须跨地区扩张,并在一个由小企业和其他盟友构成的生态系统中,从更广泛的支持者网络获得资金支持,而不是仅仅依赖国家或地方资金。Opcions 的发言人何塞·阿隆索(José Alonso)在接受采访时说道:"你知道'小即是美'这句话吗?我觉得我们需要超越这种思维。中型企业也很不错。10 年后我们将看到,'大'是否也很美。如果我们还存在的话。"[原注 18]

阿隆索提到的"大小"问题触及了合作社规模化的一个关键点,即不同领域需要不同的结构和规模,以适应其使命和所服务的社区。合作社共同体也可以和其他不同规模的商业模式并存,如公共所有的数字平台、由工会支持的风险资本平台以及混合型平台。而所有这些的共同基础是对共享资源的坚定维护和关注。

根据行业的不同,平台合作社可以在本地运营,也可以在全球范围内运营,或两者之间的某个层面上运营。无论是与 La Zona 市场相关的各种本地企业,还是像印度自雇妇女协会这样的联盟,抑或是目前在 7 个欧洲国家运营的共担风险平台合作社 SMart,都呈现了多种多样的规模化策略。正如一些全球咖啡合作社网络所展示的那样,在富裕国家与全球南方之间架起桥梁的规模化不仅可以,而且必须解决结构性不平等的问题。

合作社目前最引人瞩目的莫过于,它们无需承担传统合作社的实体店成本,在网上就可以实现规模化。小生产者可以在网上联合起来扩大影响力,即在数字综合平台下,作为单一实体或附属组织运作。美国经济学家和社会学家朱丽叶·朔尔（Juliet Schor）写道："与传统的线下合作社相比，平台合作社最吸引人的地方就是它具备复制自身模式并实现规模化的能力。"[原注 19]

建立一个国际主义的合作数字平台联盟的构想前景光明。通过利用分布式账本、智能合约、数据信托等新型数字基础设施，新兴的分布式互联网（亦称为 Web3）正在为平台的规模化开辟新的道路。这些技术将通过共享的数字基础设施，以全新的形式实现模式复制、社会特许经营和商业转型。

2016 年，在魁北克举办的国际合作社联盟年会上，商学院教授杰里米·里夫金（Jeremy Rifkin）提出的观点引发了争议。他主张，数字革命为建立规模庞大的合作社提供了千载难逢的机遇，其规模甚至可以媲美亚马逊。他说："如果这样的（数字）合作社模式还不存在，那它就必须被创造出来。"[原注 20]

然而，不论今时还是往日，并非所有人都信服他的观点。这包括许多在原则上同意"让人们掌控垄断企业，比让垄断企业掌控人们更好"的人，正如 1898 年的《劳工年鉴》（Labor Annals）所述。[原注 21]英国学者尼克·赫尔尼切克（Nick Srnicek）认为，要想匹敌"（占主导地位的）企业所拥有的庞大资源"，平台合作社必须模仿"平台的垄断性质"。此外，赫尔尼切克还提出，这种规模化几乎在任何情况下都不可能实现。"像脸书这样的平台仍会凭借其现有的数据、网络效应和财务资源击退任何来自合作社的对手。"[原注 22]

尽管许多观点依旧适用,但同样重要的是,我们应该避免将 21 世纪对合作社规模化的批评建立在 19 世纪反对传统合作社(即消费者合作社)的论点之上。具体来说,这些批评呼应了罗莎·卢森堡在《改革还是革命》(Reform or Revolution)中的观点,她承认消费者合作社具有有限的、策略性的益处——她写道,消费者合作社可以"在发展工人阶级日益增长的组织和阶级意识的同时,孕育未来社会秩序的萌芽"——但随后又将其贬斥为"修正主义理论的经济支撑点(并)象征着重新穿上资产阶级那双破旧的小鞋"。[原注 23] 如今,我们必须认识到合作社并非同质性的实体,而是拥有多样化的形式和结构。其中,多利益相关者合作社尤其值得我们关注,因为这类合作社不仅服务于其成员,还常常对范围更大的社区产生深远影响。

这一论点在美国社会学家朱丽叶·朔尔的著作《零工之后》(After the Gig)中也有所体现。"基于社区的初创企业企图解决理想主义话语所指出的问题,然而这一雄心大多未能实现,尤其是在美国。"她在书中写道,"没有一家能像大型平台那样实现规模扩张。许多此类企业已宣告倒闭。尽管有些企业仍继续运行,但我们发现,它们不幸地再现了传统经济体系的种种弊端,包括种族、阶层和性别排斥,而这些正是它们原本希望避免的。"[原注 24]

她的话有一定的道理。现有的网络效应优势的力量不容小觑。此外,大多数由风险资本资助的初创企业也会失败这一事实也不应被忽视。需要强调的是,纵观历史,大多数合作社的诞生往往是对市场失灵的回应,它们的出现更多的是出于必要,而非某种摧毁垄断的"杀手本能"。

诚然，除了少数例外，平台合作社并没有达到与企业平台相同的规模。在与垄断企业并存的环境中，平台合作社或兴起，或失败，或顽强生存下去。

数字经济的"长尾效应"具有实现规模化的潜力，而传统的实体合作社有望从中获益，即通过低销量高收益的策略——例如向大量顾客销售小众或稀缺商品——来实现增长和扩张。当越来越多的合作社选择在平台上相互协作时，也就越容易构想出一个替代亚马逊"万物商店"的合作社模式。这不会是传统意义上的垄断，而是一种多利益相关者平台。这个由各自独立但又彼此联合的合作社组成的平台，得到了国内外合作伙伴网络的支持，其中包括合作社供应商、管理者、上游供应链工人、物流和技术劳动者以及消费者。一种类似 La Zona 的模式，但在全球范围内被广泛复制。

如果对平台规模化过于宽泛的排斥是不恰当的，那么对其抱有过于天真的乐观态度同样是不切实际的。规模扩大也带来了成员投入度、参与度和治理方面的挑战。印度历史最悠久的劳动者合作社乌拉伦加尔劳动合同合作社（The Uralungal Labor Contract Co-operative Society）拥有超过 1 415 名成员，却因不透明的合同问题而卷入丑闻之中。世界上最大的乳制品合作社、印度阿穆尔乳业（Amul Diary）拥有 300 多万来自小农场的成员，也因牺牲贫困工人的利益而使中高收入农民受益遭到了广泛批评。然而，如果说在社会公正指标方面大型合作社是否比企业对手表现得更好尚无定论，那么也有一些令人信服的模式表明更好的局面是可能实现的。总部位于巴斯克地区的蒙德拉贡（Mondragon）是一个由 240 名消费者和劳动者合作社组成的联盟，拥有 83 家合作社和 68 743 名员工。该联盟致力于支持联合国的可持续发展目标，同时遵守十项道德指导原则。2022 年年底，蒙德拉贡工业部门的两个主要成员——奥罗纳集团（Orona）和乌尔玛集团（Ulma）——离开了合作社网络，动摇了已运营 60 年的联盟的稳定性。这两家公司分别占整个合作社网络收入和就业的 15% 和 13%，它们的退出并没有使蒙德拉贡的存在或理想受到质疑，但也确实引发了关于如何以最优方式实现合作社网络规模化的更多思考。

放眼全球，尤其是在美国，大量丰富多样的合作社活动充分证明了合作社在实现规模化方面的前景和潜力。美国每三个人当中就有一人参与了约 6.5 万家合作社机构中的一家或多家，其中包括住房合作社。[原注 25] 仅美国信用合作社就拥有 1 亿多名成员。事实上，加入合作社的美国公民比参与股票市场的人还多。数个世纪以来，无论在美国还是在世界各地，农业合作社一直作为风险管理的引擎，为成员提供健康福利、较低的价格和社区服务。虽然人们获得的具体利益可能各不相同，但覆盖广泛的合作社往往像一股地下暗流，产生巨大的优势，影响着经济和社区。

美国并不是富裕国家中的特例。意大利拥有大量的劳动者合作社，总数高达 29 414 家，其中大多数是 1991 年以后成立的。西班牙共有 1.7 万家合作社，雇用了约 21 万人。在芬兰，合作社组织在乳制品生产领域占据主导地

位，全国 81% 人口都是合作社成员。此外，丹麦的主要零售商也自豪地以合作社形式运营。[原注 26]

CICOPA（工业与服务业合作社国际组织）是国际合作社联盟的一个分支机构，代表劳动者合作社、生产者合作社和社会合作社。2017 年，CICOPA 发布了一份报告，称全球有超过 2 700 万人在合作社工作，其中 1 600 万人是雇员，1 100 万人是员工 - 成员（worker-members）。[原注 27] 根据 2014 年联合国人口普查数据，全世界有 2.5 亿人"直接或间接地受雇于 250 万个合作社"。[原注 28] 这些研究表明，全球南方和高收入国家的合作社活动数量大致相当。[原注 29] 目前在印度，喀拉拉邦迪内希合作社（Kerala Dinesh Cooperative Society）直接雇用了 6 000 人。在肯尼亚，合作社直接雇用的人数超过了 30 万。

这些数据虽然令人印象深刻，但并不完整，因为《世界合作社监测报告》[1] 主要依赖于自我报告的数据。然而，现有数据表明，合作社并不像经常被描述的那样在经济上边缘化或孤立无援。过分强调市场份额反而会掩盖最重要的事实：合作社企业产生的实际价值、实践和成果，以及通过联盟和深思熟虑的规模化来扩大其影响的潜力。

平台合作主义联盟已经记录了超过 49 个国家的 543 个数字平台项目，描绘出了一个新兴的图景，使我们能够从中识别出最成功的案例及其类型。这其中包括拥有

---

[1] 《世界合作社监测报告》（World Cooperative Monitor）是一个关于全球合作社状况的研究报告。它通常由国际合作社联盟或其他相关组织进行，旨在收集和分析全球合作社的统计数据和发展趋势。

35 000名成员的共担风险平台合作社SMart，以及拥有超过100万名成员、对成员要求较低的社会平台合作社NeedsMap。让我们依次回顾其中一些最有前景的案例。

平台合作社SMart，或艺术工作者联合会（Société Mutuelle Pour Artistes），是关于规模化的一个富有想象力的实例。[原注30]该合作社自称是"不稳定的无产者和工薪阶层之间缺失的一环"。SMart将独立的承包商转变为合作社雇员，不仅为他们提供法律保护，还确保自由职业者能及时获得报酬。"对我们来说，最重要的是找到一种方法，使现有的社会保护措施适应新的工作现实。"该合作社的一位领导者告诉我。[原注31]在其本国比利时，SMart拥有34 219名会员，包括设计师、画家、信息技术顾问、虚拟现实技术人员、舞台设计人员和雕塑家。2021年，SMart的总营收超过了1.64亿欧元。

自由职业者通常需要自己找活儿，同时还要应对纷繁复杂的行政程序和不稳定的现金流，这让自由职业成了一场艰难的探险。SMart以短期合同聘用自由职业者，并直接与客户协商工作条款（价格、时限、范围）。[原注32]通过处理发票和收款问题，SMart缓解了自由职业生活中最常见的烦恼之一，即担心无法按时收到报酬，或根本收不到报酬。SMart保证在劳动者完成任务后的7个工作日内全额支付报酬，甚至还提供一个"小企业工具箱"用于记账、开票和保险管理。这项服务减轻了创意型自由职业者的行政负担，也正是SMart非官方口号"Vous créez, nous gérons!"（你创造，我们管理！）的核心所在。[原注33]

SMart的使命是集中资源以创造共享资源。为此，每张发票的 2% 都将划拨给互助担保基金，这一点至关重要。在这方面，SMart 扮演着类似工会的角色，为其成员提供支持。正如加尔·阿尔佩洛维茨（Gar Alperovitz）所指出的那样，"任何严肃的未来政治都必须找到其他方式——如果可能的话！——来做工会曾经做过的事"。[原注34] 实际上，SMart 是在效仿全国家政从业者联盟（National Domestic Workers Alliance）等代表非工会成员的劳工组织。近年来，这类组织在美国越来越普遍。无论是合作社还是这些"另类劳工"[1]组织，都为前所未有的非正规工作提供了保护。

2016 年的一天，我在布鲁塞尔的一家酒店里见到了 SMart 比利时分公司当时的总经理桑德里诺·格雷斯法（Sandrino Graceffa）。他个子不高，但体格健壮，一双眼睛乌黑闪亮。格雷斯法从年轻时就投身于社会经济工作。他成长于法国北部的一个矿业小镇，父亲是一名煤矿工人，家中有 10 个孩子。那是一个公司城镇，从住房到社区活动和社交生活，矿老板细致地管理着工人生活的方方面面。受家庭背景影响，格雷斯法很早就树立了坚定的马克思主义观念。他没有直接参与进步党派的政治活动，而是选择探索那些标榜经济自主的创业文化。

皮埃尔·比尔诺特（Pierre Burnotte）和朱莱·朱罗维克（Julek Jurowicz）最初将 SMart 创立为一种新型的互助

---

[1] 另类劳工（alt-labor）是 "alternative labor" 的缩写，通常指的是非传统的劳工组织和运动。另类劳工描述了一种非正式的组织联盟，旨在推进工人权益，以应对工会会员数量下降的情况。这些组织通常在传统集体谈判之外运作，采用新的策略来适应当今的经济和劳动力结构。

社团，旨在服务创意领域的零工经济自由职业者。而格雷斯法则怀揣一个愿景，那就是将 SMart 转变为一个合作社。[原注35] SMart 起初以非营利组织的形式创建，2017年转型为合作社。[原注36] 如今，SMart 在 7 个国家独立运营。虽然数字平台对 SMart 在比利时的运营至关重要，但西班牙的分支机构却迄今尚未使用数字平台。（其实这样也好，因为 SMart 在比利时使用的软件基于该国的法律和税务结构，难以适用于其他国家。）

SMart 不仅成功地将其模式复制到欧洲各国，还激励了美国一家类似的自由职业者合作社——吉尔德合作社（Guilded）的创建。该合作社致力于支持艺术家和所有的创意工作者。由于 SMart 展示了如何在不同的工作文化和法律框架下复制其模式，它愈发被公认为规模化发展的先锋。"我们认为这才是真正改变游戏规则的关键。"吉尔德合作社的梅丽萨·胡佛说道。

SMart 的案例表明，对平台合作而言，并不存在普适且通用的计划蓝图或技术基础设施。国家节点[1]的独立性对于平台的规模化至关重要。下一个重大考验涉及将 SMart 模式及其原则扩展到全球南方那些庞大的非正规部门。尽管通过数字平台实现工作正规化，有可能为印度非正规部门的劳动力提供更大的经济保障，但关键是要认识到这并不是一个简单或明确的解决方案。印度 90% 以上

---

[1] 国家节点（national nodes）指的是在不同国家设立的、具有一定独立性和自主权的组织或运营中心。在这个语境中，它们是指在各个国家内部独立运作，但又与总体平台合作社网络相连的分支机构或实体。这种设置允许每个节点根据本国的特定情况和需求，自主地制定策略和操作，同时依托于更广泛的合作社框架中受益于共享的资源和知识。

的劳动力都在非正规部门工作,然而,通过数字平台实现工作正规化是否能真正惠及这些劳动者仍是未知数。例如,这可能会迫使劳动者缴纳税款和其他监管费用,还可能会让他们暴露于国家和商业的监控之下。

虽然 SMart 在法律上不被视为社会特许经营[1],但各种平台合作社都将其视作典范,并希望在不同国家复制其模式。然而,虽然受益于 SMart BE(最初在比利时建立 SMart 模式的合作社)提供的指导和支持,SMart 在欧洲的一些合作伙伴却坚称自己独立于 SMart BE。

另一方面,总部位于蒙特利尔的伊娃环球(Eva Global)采取了一种不同的规模化方式。伊娃环球有意将自身构建为一家公司而非合作社,以确保获得资金支持及生存保障。虽然这种公司架构可能会引发对劳动者合作社的担忧,但是对伊娃环球而言,这是为了维持公司的持续发展并在全球范围内支持劳动者合作社的战略选择。尽管伊娃环球的特许经营模式前景广阔,并且允许司机保留其劳动所得的较大比例,但是这种模式所推行的规则并不总是符合特定子合作社的愿望和能力。伊娃环球正与当地计程车合作社合作,实施其基于区块链的网约车技术解决方案。这种合作模式要求当地的合作社必须具备一定的财力,才能加入伊娃环球的特许经营网络。

---

[1] 社会特许经营(social franchise)是一种将特许经营模式应用于社会企业和非营利组织的经营策略,旨在通过复制成功的商业模式来扩大社会影响力。这种模式允许一个组织将其品牌、运营模式和资源共享给其他组织,以便在不同地区或领域复制其社会项目或服务。

与特许经营模式类似的是复制模式。在复制模式下，新企业只需应用现有模版，模版通常包括开源软件或源代码可用软件。一个例子是我之前提到过的平台合作社Up & Go，它充当了三个共享数字基础设施的本地合作社的综合平台。引入数字平台并未改变合作社成员之间日常合作的地方特性，只是让合作过程变得更为简化和高效了。Up & Go 不再依靠在当地自助洗衣店公告栏上张贴传单，偶然获得新客户，而是通过应用程序吸引更有经济实力的新客户。Up & Go 计划将其在纽约市的运营模式复制并推广至费城以及海外地区。

居住在同一地区的合作社成员得益于地理上的邻近性，能够更加方便地做出决策。不过，在借助平台扩大规模时，重要的是要确保民主管理不受损害。例如，Up & Go 通过允许小型劳动者合作社加入这个平台大家庭，维持了合作社网络内的人际关系，也使得这些小型合作社在实现规模化的同时，保留了彼此间的人际信任。当成员分散在各地时，他们与合作社社区的情感纽带可能会变得脆弱。譬如，斯托克西联合社的成员遍布在 65 个国家。针对这一问题，平台合作社在其网站上搭建了一个成员专属界面——本质上是一个自动化问题解决系统，成员能够在这个界面上表达和讨论他们关心的问题。

意大利博洛尼亚的埃蒂凯配送（Consegne Etiche）平台合作社，也采用了类似的创新方法来实现规模化。该合作社创建于新冠大流行的最初几个月。当时，博洛尼亚城市创新基金会与居民展开了一系列访谈，以确定在危机期间的最佳援助方式。市政府与来自不同背景的社区成员进行了150多次访谈，其中包括店主、合作社联盟、送餐员、学生组织、城市规划师、各类志愿者团队以及其他地方机构。[原注37]根据访谈结果，该市与当地商家、配送员和博洛尼亚居民合作，成立了一个送货上门的平台合作社。[原注38]作为对疫情的回应，埃蒂凯配送合作社应运而生。

户户送、门达外卖和优步外卖（UberEats）等企业平台的配送时薪通常为6至7欧元，而埃蒂凯配送合作社的时薪为9欧元，而且还包含意外伤害和医疗保险等安全劳动保护。总的来说，埃蒂凯配送合作社每小时额外提供了5欧元的工资和福利。

埃蒂凯配送合作社是首批既尊重配送员权益，又兼顾环保的送货上门平台合作社——所有配送均通过自行车完成。埃蒂凯配送合作社的成立不仅得到了市政府的支持，还遵循了优先考虑劳动者权益和保护的宣言，其中包括公平的薪酬和安全的工作条件。然而，尽管埃蒂凯配送合作社为全球城市树立了一个值得效仿的典范，但是由于缺少对企业经营实际情况的关注，该平台合作社的规模化潜力受到了限制。埃蒂凯配送合作社有意识地拒绝了可能引发员工竞争的信誉系统。这种系统允许顾客为劳动者评分，而在风险资本支持的平台上，这种机制容易导致劳动者被解雇。这些平台原则已被正式载入博洛尼亚市的《数字劳动者基本宪章》之中。[原注39]

库普赛克总部位于巴黎，是一个为自行车配送合作社联盟提供服务的平台。该平台依托其"Coopyleft 协议授权"（Coopyleft-licensed）的开源软件（包括一个网页平台和一个移动应用程序），提供一套数字化自行车物流基础设施，用于管理配送，并为餐馆、商店和其他客户提供服务。只有使用自行车的劳动者合作社或集体才能加入库普赛克。目前，60多家配送合作社（主要分布在西欧）共享这款开源软件并成为该联盟成员。这是通过联盟实现规模化的一个绝佳示例，如今这一模式在阿根廷及其他地区也开始获得越来越多的支持。

在数字经济时代，制造业和餐饮服务业等领域的合作社能否有效扩大其业务规模？蒙德拉贡正在开展一项重要的规模化实验。我们必须承认，即便蒙德拉贡拥有合作社网络模式并对可持续发展有着坚定的承诺，但像任何其他组织一样，它在某些领域仍有继续成长和发展的空间。问题在于，蒙德拉贡网络中的240家公司中，仅有83家是合作社，而且大多数位于巴斯克地区。在那里，约有30 300名员工-成员共享所有权、参与决策和利润分配，占蒙德拉贡员工总数的44.1%。而其余157家非合作社模式的子公司分布广泛，其中40.9%位于西班牙其他地区，15%位于海外。这些事实引发了一些合理的质疑：合作社在扩大规模的同时，是否还能保持成立时所承诺的优势？这也指向了合作社模式与资本主义体系之间的兼容性问题。自合作社诞生以来，这个问题就一直是讨论的焦点。面对全球化的压力，蒙德拉贡为了惠及巴斯克地区的成员和扩大团结，不得不借助从波兰到巴西及中国的供应链，而这一策略与资本主义公司采取的做法别无二致。例如，蒙德拉贡由传统合作社组成，这些合作社不仅生产电磁设备、庭院家具、仪表盘，还为世界领先的汽车制造商生产传动装置。每家想要加入该网络的公司都必须遵守公司的原则，而且不得与网络内现有企业形成竞争关系。蒙德拉贡表示，各合作社已经就管理层工作与最低工资的现场工作或工厂工作的薪酬比例达成共识，比例从 3∶1 到 9∶1 不等，中位数为 5∶1。[原注40] 相比之下，在美国，350 家大型公司的首席执行官的收入约为普通劳动者收入的 320 倍。[原注41]

2019 年夏天，当我第一次访问蒙德拉贡，或巴斯克语的"阿拉萨特"时，安德·埃切贝里亚（Ander Etxeberria）担任了我的向导。他在蒙德拉贡工作了 10 多年，不仅是一名社会学家，还是一位工程师。他从何塞·玛丽亚·阿里兹门迪亚里埃塔（Jose Maria Arizmendiarrieta）的纪念碑前开始向我介绍这座城市及其合作社。1955 年，阿里兹门迪亚里埃塔这位 26 岁的天主教牧师受到经济分配主义的社会教义[1]的启发，帮助创建了合作社网络。由于这位神父坚定地推动规模化，蒙德拉贡得以发展壮大。西班牙内战之后，他花了十年时间组织有关经济和政治制度的辩论，并通过烘焙义卖和小额捐款为第一个合作社筹集资金。埃切贝里亚解释道，阿里兹门迪亚里埃塔"谈论着改变世界，但他真正的意思是改

---

[1] 经济分配主义的社会教义（economic distributism's social teaching）是一种基于天主教社会教义的经济理论，强调财富和产权应当广泛而公平地分配给社会的各个成员，以促进社会正义和经济民主化。这一理论反对财富过度集中和资本主义的无限竞争，同时也批评社会主义的集中式经济控制和产权剥夺。经济分配主义提倡通过支持小企业、合作社、家庭经营的农场和工艺业等形式，实现财富和权力的分散，从而建立一个更加公正和和谐的社会。

变这个地区"。

当我们在一家合作社加油站排队等候时，我问埃切贝里亚是否相信蒙德拉贡模式可以在其他国家复制。他抬眼望着我，斩钉截铁地说道："只要翻过这座山头，就没法复制。"他指着德瓦河对岸，"这家公司是在二战结束后不久成立的，那时人们都在挨饿，社会也更加虔诚。你可以再创办一家像这样的公司，但它必须有所不同。"或许，在世界上其他地方复制这家公司，就像试图在加利福尼亚之外再造一个硅谷一样不切实际。然而，蒙德拉贡大学对此并未达成共识。一位教授认为，合作社网络从未被成功复制，只是因为从未有人认真去尝试。

蒙德拉贡坐落在一个文化高度同质的地区，那里的居民共享合作社价值观、对巴斯克身份的全面认同感以及社会责任感，这些共同的价值观促成了其网络的创建。这一切始于家电制造商法格家电（Fagor Electrodomésticos）、信用合作社劳工储蓄银行（Caja Laboral）、社会保障合作社拉贡阿罗（Lagun Aro），以及消费者-员工（consumer-worker）混合型合作社埃罗斯基（Eroski）。值得注意的是，尽管没有铁路系统，所有货物必须通过狭窄的道路由卡车运出低洼盆地，但蒙德拉贡山谷里的商业网络依然繁荣发展，并对国民经济产生了显著影响。

结合这些背景信息，另一种实现规模化的方法是将现有的传统合作社转型为平台合作社。虽然蒙德拉贡迄今尚未探索这一方法，但其前景充满希望，尤其是对该网络内的餐饮机构而言。通过利用现有的平台物流及其用户基础，这一模式设法解决"冷启动问题"，即从零开始启动数字平台业务所面临的诸多挑战。

在全球众多规模化方式中，转型在实践中经受的检验最少——至少在数字领域是这样。在制造业领域，一种转型的方式是复兴。2001年至2002年阿根廷金融危机后，200多家传统公司采用了复兴的方式。工人们接管了倒闭的工厂，并将其转变为合作社。如今，阿根廷大约有400家被复兴（或转型）的工厂，其中有16 000名工人。[原注42]这些当然不是数字化企业。那么，如何将这种转型应用于数字平台的规模化呢？这是一个新兴的实验领域，但显然需要找到方法，使那些已经作为营利实体成立的初创企业转型为以社区和劳动者所有权为核心特征的组织。为此，内森·施奈德提出一种方案，公司可以通过"信托买断"的方式，使公司不仅由投资者或原创始人拥有，还由员工和客户共同拥有。用户和员工通过买断投资者的股份，实现公司所有权结构的转变。[原注43]"用户信托"允许初创企业的员工代表合作社成员，贷款购买公司股份。这种"社区接管"[1]的做法是一种向平台合作社及其相邻模式转型的可行方法。

除了转型之外，联盟是一种更常见的规模化方式。在联盟模式下，多个较小规模的合作社共同拥有和管理

---

[1] 社区接管（Exit to Community，简称E2C）是一种商业策略或模式，指的是一家公司从传统的私有或投资者所有权模式转变为由社区成员（包括用户、员工、供应商等）共同拥有和控制的模式。这种转变旨在实现更加民主和公平的企业管理和收益分配，让那些直接受企业影响或对企业有贡献的人拥有决策权和所有权。

一个共享数字平台,从而形成了一种被称为"平台合作社"的二级合作社,使这些小合作社能够与客户建立联系并扩大其影响范围。合作社在跨地区结盟方面有着悠久的历史。印度的自雇妇女协会和巴斯克地区的蒙德拉贡就是两个很好的例子。根据一位合作社学者的说法,联盟策略使"合作社能够在生产过程中与其他合作社形成上下游关系,构建一个消费者合作社和生产者合作社紧密联结的网络"。[原注44]

自雇妇女协会展示了联盟如何显著增强单个合作社的力量。让我们来看一下结成联盟的合作社在成立初期如何应对其财务困境的故事。20世纪70年代初,古吉拉特邦的银行拒绝向非正规部门的女性提供信贷,声称她们风险太高,根本"没有借贷能力"。1972年至1973年间,自雇妇女协会的创始人埃拉·巴特(Ela Bhatt)组织了一系列妇女会议,与那些被迫向高利贷借款而负债累累的女性会面。在萨巴尔马蒂河畔,自雇妇女协会的女性敲定了另一个解决方案。

一位名叫昌达本的满脸皱纹的摊贩首先提议道:"我们为什么不开一家自己的银行呢?"当自雇妇女协会的另一名成员回应称她们"太穷了"不可能成功时,这位老摊贩回答说:"是的,我们很穷。但我们人多!"这句话自此便成为了组织文化的核心。当时,4 000名女性筹集了种子资本,不到一年时间,印度第一家由女性拥有和管理的银行——SEWA合作社银行(SEWA Cooperative Bank)在古吉拉特邦注册成立。

成员们学会了如何签署自己的姓名,随后便成立了自己的银行。她们还成立了一家社会保障合作社，不久之后，又相继开设了一家药房和一家阿育吠陀生产合作社。在这个联盟"生态系统"中，合作社的目标是"组织女性劳动者成立合作社，从而实现充分就业和自力更生"。[原注45]

自雇妇女协会采用的综合联盟模式，在国家层面上满足社会和经济需求，在赋权印度庞大的非正规经济中的贫困自雇女性方面，发挥着关键作用。该模式不是一成不变的，而是在不断演进之中，新形式和新成员定期出现。自雇妇女协会目前正在尝试组建由女性拥有并领导的平台合作社，如农业领域的梅加原住民女性农业生产者合作社（Megha Adivasi Mahila Agricultural Producers' Cooperative）。此外，自雇妇女协会也热衷于开发一个合作性的线上市场，销售她们的各种手工产品，如小吃、服装、仿制药和阿育吠陀草药。[原注46]

随着平台规模化日渐成熟，它很可能受到去中心化自治组织兴起的影响，这是区块链技术中更具未来感的一个方面。去中心化自治组织是一种新型的组织结构，其共同所有权的工具是区块链。区块链是一种数字化、去中心化的分布式账本[1]。通过数据块之间的加密链接，区块链保证了账本的安全性和永恒性。每个数据块，即区块，都包含时间戳、前一个区块的哈希值（唯一的标识符）以及交易数据。这些区块按照时间顺序依次链接，形成了一个防

---

[1] 账本（ledger）原指金融领域记录财务交易的账本，在描述区块链技术原理时，它指的是一个记录所有交易历史的数据库，以一种分布式和去中心化的方式存储信息，确保了数据的透明性和不可篡改性。

篡改、可追溯的数据链。许多技术专家利用区块链这种结构建立了"加密合作社",但由于对合作社身份的核心原则缺乏深入了解,这一术语经常被误用。

首个去中心化自治组织被设计为去中心化版的Kickstarter(全球知名众筹平台)因而成为了合作主义精神的典范。一般来说,去中心化自治组织的创建并不总是以转型告终。"DAO化",即通过股份代币化来实现组织所有权去中心化,更加清晰地展示了转型的过程。

每一种转型模式都有助于层级组织下放决策权和所有权。用镜界(Lensational)、Krak和即将成为平台合作社的Hylo等组织的话来说,这些模式为寻求"社区接管"的组织提供了线路图。

规模化模式将永远受益于"锚定机构"(anchor institutions)[1]提供的支持。"锚定机构"这一术语主要由卡伦·富布莱特-安德森(Karen Fulbright-Anderson)、帕特里夏·奥斯波斯(Patricia Auspos)和安德烈娅·安德森(Andrea Anderson)提出,指的是在某个地区或社区中具有重要地位和影响力的机构,如大学、医院、博物馆等。[原注47]在英格兰北部的普雷斯顿,工党领导的市议会孵化了一个由十个工人合作社组成的生态系统,同时确保所有政府采购仅限于本地的企业。类似的例子还有:纽约的家庭生活中心提供支持人员、培训和资金引导;澳大利亚

---

[1] 锚定机构指在某个地区或社区中具有重要地位和影响力的机构,如大学、医院、博物馆等。

的合作社孵化器组织（Incubator.coop）携手国家合作社协会BCCM[1]，为创新合作社提供服务；日落公园家庭中心（the Sunset Park Family Center）为Up & Go提供支持；法国交通预订平台——莫比出行合作社（Mobicoop）依靠与市政当局的紧密联系才得以存在，市政当局为其提供了最后一英里服务，将计程车服务（尤其是在乡村地区）与火车无缝衔接。[原注48]（在这个"运动助产士"名单中，我要谦虚地加上我自己的组织——平台合作主义联盟。）

锚定机构为平台合作社的先驱者提供了重要的后勤保障。如果没有在孵化期间得到这些援助，许多合作社就无法起步。同时，锚定机构在地方政府发生更迭时，确保了合作社等组织的运作和发展不受影响，保持了连续性和稳定性。

弗兰切斯卡·布里亚（Francesca Bria）在担任巴塞罗那首席技术官期间，她的工作经验表明，需要更加重视对非政府机构的资助和发展，以便在地方政府发生变动时继续推动她的重要议程。

最后，锚定机构作为持续的联络点，通过确保价值观得到持续推广、资源得以有效利用、组织协调工作以系统化和包容化的方式展开，为运动的长期可行性做出贡献。在资本主义社会的进步州，即使无法提供直接或持续的支持，地方政府和市政当局也可以通过提供有利的规章制度，为合作社的发展起到重要的锚定作用。

---

[1] BCCM的全称应该是Business Council of Cooperatives and Mutuals，可译为"合作社与互助组织商业委员会"。

合作社的规模化能力仍然深受其与政府密切关系的影响。事实上，在印度南部的喀拉拉邦，情况也是如此。该邦政府曾被指控在政府采购合同分配中偏袒建筑合作社乌拉伦加尔劳动合同合作社（ULCCS），牺牲了透明度和民主程序。[原注49]虽然邦政府和国家政府可以帮助合作社发展壮大，但持续依赖政府资助存在显著的风险。因此，合作社应该在初创期之后主张其独立性。合作社应该是自下而上的机构，而不是自上而下的机构。

2019年秋，我有幸在特里凡得琅的喀拉拉邦立法议会上发表演讲，讨论上述问题及其他问题。在尼亚马沙巴议会大厦宽敞的空间里，我获得了发言机会，并成功引起了政府对如何整合喀拉拉邦平台合作社的浓厚兴趣。

邦财政部长、乌拉伦加尔劳动合同合作社的主要赞助人——托马斯·艾萨克向大家介绍了我。艾萨克逐一回顾和驳斥了对上述劳动者合作社模式普遍存在的诸多反对意见。他争辩道，创建新的合作社固然困难重重且需要投入大量资金，但像喀拉拉邦这样的地区可以通过提供资金和支持来帮助新合作社成立。他说，这种情况之所以如此罕见，是因为主流经济学家仍然认为合作社本质上是低效的。我在发言中补充道，在缺乏国家政府大力支持的情况下，联合的数字平台可以帮助资源不足的联盟合作社整合服务和产品。

演讲结束后，我与喀拉拉邦的合作社登记员P.K.贾亚什里谈了谈。在一个挤满律师的房间里，她询问我政府如何通过法规帮助印度南部启动平台合作社。法律该如何修改？需要什么？对此，我回答说，平台合作社应该获得启动资金，但不应该受政府束缚或控制。我进一步解释道，在与政府建立伙伴关系的情况下，合作社确实会受益于来自政府和其他渠道的启动资金，但最终，合作社应该是自治的志愿组织。

除此之外，我解释道，政府的主要职责应该是提供有利的法规。在美国，大型合作社（如信用合作社、农业合作社和农村电力合作社）的历史表明，规模化的发展和有利的法规密不可分。在新政期间，富兰克林·D. 罗斯福总统通过政府政策，促成了三类合作社的成立和发展。1935年，罗斯福签署了 7037 号行政命令，成立了农村电气化管理局。两年后，他通过了《电力合作社公司法》，授权成立和运营由消费者所有的电力合作社。法规对合作社的成功至关重要，法律学者必须与合作社从业者合作，共同制定政策建议，在法学院教授合作社相关知识，并将合作社视为对抗平台资本主义的重要手段。

然而，即便如此，也不能保证一切顺利。合作社法规如若考虑不周，可能会适得其反。20 世纪 90 年代，巴西出台了一项法规，仅允许合作社将其员工归类为独立承包商而非雇员，于是一些贪婪的企业家便创建了大量虚假的合作社，以规避为员工支付法律规定的雇员福利和其他保障。

此外，目前还存在一个令人担忧的问题：有些平台合作社允许其成员以自雇者的身份加入，却不为他们提供类似雇员的福利和保障。

庆幸的是，那些选择规模化发展的合作社并非被迫这么做。若要帮助不受政府、市场或社区保护的人——自由职业者及其他人，这些合作社无需成为"由员工运营的巨兽"，只需提供增强他们力量和影响力的资源和措施即可。

正如我们在斯托克西联合社、SMart 和其他案例中所看到的，在推动平台合作社规模化发展时，维持民主治理或许是个挑战，但并非不可实现。在这方面，我们需要对未来的分布式治理以及能够实现这种治理的方法和技术开展进一步的研究。

虽然一些合作社可能会选择扎根社区、聚焦当地，但另一些合作社可能会选择国际扩张，吸引来自世界各地的成员。一个经过深思熟虑的扩张策略应该包容这种多样性，并避免错误地认为只有小规模或大规模才是理想的。关键是要认识到，不同的行业需要特定的结构来满足其独特的需求。在过去的 5 年时间里，不仅有众多基于本地的小型数字化合作社取得了显著的成功，那些成功扩大规模的合作社（尤其是通过联盟的方式）也大获成功。尽管有些合作社网络几乎达到了垄断地位，但是，是否能够或者是否应该创建一个类似亚马逊那样的大型全球性、中心化的合作社平台——既能保持合作社的运营模式，又能在全球范围内发挥主导作用——目前尚不明确。然而，这并不意味着我们的想象力应当受到限制。相反，想象力应该作为一种催化剂，激发我们去构想一个全面的系统，充分拥抱并扩展合作社价值观，涵盖"从 A 到 Z"（即从头到尾）的一切。

第四章　重新定义价值

2017年秋，在马德里奢华的丽兹酒店举办的一场商务会议上，我遇见了美国经济学教授、《纽约时报》专栏作家泰勒·考恩（Tyler Cowen）。当他就会议主题"第二次机器时代：为经济繁荣而组织"发表演讲时，我想起了他的著作《再见平庸时代》（*Average is Over*）。书中，他预测"超级阶级"（superclass）的出现将重构经济。

他写道，在这个超级阶级的美丽新世界里，"提升高收入者在各个方面的满意度，将会是未来推动就业增长的重要源泉"。[原注1] 至于我们其他人，考恩推测，非超级阶级的劳动者年收入可能在5 000到10 000美元之间。为了了解这个社会可能的面貌，他推荐以当代墨西哥为一个启发性范例。毕竟，在墨西哥，"［穷人的］住所虽不豪华，但也尚且令人满意。当然，温暖的天气也有所帮助"。[原注2]

会议间隙，我走过去问他，是否考虑过将合作社作为一种经济模式，让我们能够追求更多可能，而不仅限于超级阶级"赢家通吃"的经济模式？

考恩凝视着地面，仿佛我的问题既让他难堪又浪费了他的时间。"合作社在国内生产总值中所占的比重微不足道。"他说道，"太边缘化了，不值得考虑。"

说完，这位《纽约时报》的专栏作家便借故转身离去，以免触发更多不愉快的谈话。

但凡他有意跟我探讨这个问题，我就会指出，尽管合作社只占世界 GDP 的 3% 到 5%，但在世界上的许多地区和国家，这个比例却在急剧上升。[原注3] 全球合作社监测机构的年度报告为研究这一主题提供了宝贵资源。例如，在肯尼亚，合作社贡献了 43% 的 GDP。[原注4] 在新西兰，合作社占 GDP 的 18%。在荷兰和法国，合作社也占到了 18% 的重要份额。芬兰的合作社紧随其后，占 GDP 的 14%。同时，在意大利的艾米利亚-罗马涅大区，正规的合作社经济在该地区 GDP 的占比高达 40%。[原注5]

考恩的驳斥最大问题在于，他未能认识到 GDP 本身就是一个极具争议性的衡量标准，带有强烈的规范性偏见，而且这种偏见在全球最高层次的政策制定中正引发愈加激烈的争论。但即便在其自身逻辑之内，GDP 也是一个不全面的衡量标准。它无法准确反映对生产力增长至关重要的无形因素，如影响资本投资的创新。1967 年美国政治家罗伯特·F.肯尼迪在底特律一次讲话中敏锐地指出："国内生产总值（GDP）能够衡量一切，却无法衡量那些让生活变得有价值的事物。"[原注6] 在重新审视 GDP 指标所内嵌的价值体系方面，他早已领先于时代。

劳动者合作社是根据其自身的条件来定义的，而非依从考恩或其他主流"增长"经济学家的标准。合作社的设计和定位不仅仅是为了创造经济产出,更重要的是为社区创造社会价值。GDP 的显著不足之处在于它无法衡量这种价值。

在描述经济活动时,像 GDP 这样的定量指标几乎从不提及它们所依赖的价值——这些价值通常被视作整个经济框架的"外部"。然而,这种观点正日益遭到学者的抨击。美国经济学家桑贾伊·雷迪(Sanjay Reddy)认为,除非明确经济指标背后由什么价值驱动,否则这些指标将毫无意义。[原注7] GDP 衡量的是国民生产的"市场价值",但是对生产者所享有的生活质量却只字不提。

德国研究员克里斯蒂安·克勒尔(Christian Kroll)和塞巴斯蒂安·波库塔(Sebastian Pokutta)在 2013 年进行的一项研究表明,对人们来说,最重要的事物是无法用 GDP 量化的。研究员要求受试者描述他们心目中"完美的一天"。他们发现,受试者的大部分时间都花在人际交往和社会休闲活动上,比如吃饭。该项研究的作者总结道:"为了最大程度地提升幸福感,未来工作和消费——这两项可以增加 GDP 的活动——在人们日常活动中的占比可能会比现在少。"[原注8]

GDP 作为所有"经济活动"的总和,有其自身的局限性,这并不是什么新观点了。即便是古典经济学家亚当·斯密(Adam Smith),也将国民财富与满足真实人类需求、欲望和便利的公共利益联系在一起。[原注9] GDP 既没有包括非营利性组织的工作,也没有考虑经济活动带来的负面影响(如环境退化)。[原注10] GDP 没有计入——甚至主动隐藏了——无报酬的工作,如家务劳动、情感照护和生育劳动。[原注11]经济学家玛丽安娜·马祖卡托（Mariana Mazzucato）声称，GDP 低估了政府投资的重要性，并错误地将银行业标记为"生产性"的，而银行实际上是"榨取性"的。创新对提高生产力具有重要的作用。然而，GDP 却不能准确反映包括创新在内的所有无形因素，这进一步放大了其局限性。综上所述，GDP 确实不是一个衡量经济活动和经济增长的理想指标。最后，对 GDP 的过度痴迷突显了一种荒谬性，即将西方消费者生活方式视为黄金标准，以此来评判本质上截然不同的各个国家和民族文化。这种做法使得比较世界不同地区的生活方式变得愈加困难。[原注12]

考恩毫不掩饰地支持"可量化的暴政"。这种思维方式按其逻辑推演到极致时，会让人们相信社会影响——包括合作社和其他社会企业带来的社会影响——具有一种可量化的"基因"，可以像财务数据一样被录入电子表格中。[原注13]然而，尽管社会经济中的合作社越来越多，考恩和他的同事仍然对研究其核心要素和相对优势不感兴趣。如果他们能更多地参与进来，那么他们很快就会了解本章的中心思想——社会经济中的价值。

不丹的国民幸福指数（GNH）是一个广为人知的 GDP 替代指标。它由不丹首相于 1998 年推出，旨在提供一个比 GDP 更为全面的衡量标准。自此，联合国等国际机构以及一些国家的政府已经开始探讨将国民幸福指数作为一种新的发展范式。为了应用这一指标，不丹每五年进行一次调查，调查内容涵盖心理幸福感、健康、时间支配、教育、文化、良好的治理、社区活力、生态和生活水平等广泛主题。不丹政府通过一项包含 300 个问题的调查，直接询问本国公民的精神性、祈祷和冥想习惯、睡眠时间以及社区参与情况。

在国民幸福指数的启发下，经济合作暨发展组织（OECD，经合组织）于 2011 年创建了"美好生活指数"（Better Life Index），旨在解决 GDP 作为指导性指标的局限性和不足。经合组织的这一指标体系被称为"国民幸福总值"（GNW），它从多个幸福维度对各国进行排名，其中包括生活质量、工作、健康、政治参与度以及总体"满意度"。经合组织目前正致力于将衡量不平等的指标纳入国民幸福总值之中。

联合国于 2015 年通过的可持续发展目标（SDGs）反映了类似的思想。这一计划包含了到 2030 年需实现的 17 个可持续发展目标。这些目标涉及范围广泛，可谓雄心勃勃。它们正式确立了一项全球承诺，目标是消除贫困和饥饿、确保健康与福祉、提供优质教育、实现性别平等，以及重塑城市，使其成为充满可持续和气候友好型创新、负责任的消费[1]、清洁水源及维护正义的强大机构的地方。

同时，联合国目标像北极星一样，为合作社联盟——如蒙德拉贡消费者和劳动者合作社网络——指明了方向。联合国指数的目标在于突显为满足全球人民基本需求而必须进行的系统性变革，该指数监测各国在消除贫困、饥饿、

---

[1] 负责任的消费（responsible consumption）指在购买和使用商品或服务时，考虑到环境、社会和经济的可持续性，以及对人类和地球的影响。

艾滋病和促进性别平等方面的进展。[原注 14]这一举措为理解合作社经济提供了一个有用的起点，因为其理念和衡量标准与全球无数合作社有着共同的社会基因。这些目标不仅为发展新方案以替代泰勒·考恩对 GDP 的痴迷提供了指南，同时也为反驳那些利用传统衡量标准来维持高度不平等现状的人提供了论据。

委内瑞拉设有一个"最高社会幸福部"，负责协调政府的社会福利计划，旨在消除贫困。厄瓜多尔和玻利维亚则采取了另一种方法，称作"Buen Vivir"（西班牙语的"美好生活"或"过上好生活"），其中融入了原住民的观点，强调与自然的和谐胜过经济发展。

这些替代性价值体系不仅提出一个国家的集体福祉并不仅仅是资本主义经济的结果——这种经济体系痴迷于增长和精英阶层的财富集中，它们还提供理解和提升福祉的另一种框架。但是合作社，尤其是平台合作社，如何才能创造价值并为推动可持续发展目标做出贡献呢？

面包、玫瑰人人有

Meet.coop 是一个使用 BigBlueButton 开源软件的小型会议和视频会议平台。其成员认识到，多利益相关者合作社不太可能对 GDP 或其他国家指标做出巨大贡献。但是他们也明白，这并不是重点。一位 Meet.coop 的成员在平台合作主义论坛上指出，他们的目标"不仅仅是实现规模化和超越竞争对手。我们希望以改变世界的方式让互动变得更有意义。当然，如果我们愿意，我们可以打败

Zoom"。[原注15]

如果平台合作社在营收方面无法与大型企业竞争,那它们究竟增添了什么价值呢?至少,许多学者都会提出这个问题,并指出"利润率的暴政"。有人声称合作社贡献了"其他东西",这就引出了一个问题:"其他东西"究竟是什么?Meet.coop声称,相较于非合作社的替代方案,其互动体验更具意义。这表明,"真正的社区"专注于民主治理、数据隐私和对开源的承诺,而这可能就是问题的答案。

平台合作社在解决特定问题的同时,追求以人为中心的价值观。平台合作社就像是宜家的扳手,专为特定的螺丝和螺栓而设计,而不像瑞士军刀那样是多功能工具。[原注16]

许多平台合作社(尤其是劳动力平台)的一个核心价值主张体现在物质方面:合作社支付给成员的工资要高于市场平均水平或那些背靠风险资本的同行。正如美国学者杰西卡·内姆哈德在谈到劳动者合作社时总结的那样:"(合作社)更重视员工-成员及其家庭成员的工作保障,支付具有竞争力的工资(或略高于业内平均水平),通过利润分成、股息或奖金提供额外的可变收入,并提供更好的附加福利。"[原注17]

平台合作社不仅有助于实现可持续发展目标——尤其是与贫困、饥饿、健康与福祉以及体面工作相关的目标,还能提高劳动力和人力资本的价值。传统企业通常只为员工的劳动付费,但不提供相应的所有权份额。而合作社不仅给予员工所有权,还为他们提供培训和发展的机会。

另一种思考合作社创造的价值的方法是"社会公益框架"(social good framework)。这是一套旨在增强集体福祉，使世界更加公正和可持续的原则和实践。为了促进可持续发展，这一框架强调参与，并致力于解决社会和环境挑战。正如美国经济学家罗宾·J. A. 考克斯（Robynn J. A. Cox）解释的那样：

> 社会公益理论最重要的一个影响在于，它有潜力将关于高效生产社会产品和服务所需资源的讨论，引入通常只关注经济指标的福祉话题之中……社会通常致力于提高人力资本，因为这有助于提高生产率，从而提升福祉。然而，社会公益框架也可能会迫使社会不仅要思考提高经济商品生产所需的投资，还要考虑提高社会产品生产效率所需的特质、技能和投入。[原注18]

社会公益理论可以通过阐明高效生产社会产品和服务所需的资源，扩展对福祉的讨论，而不只局限于经济指标。来自合作社经济前沿的多个报告和研究都支持这一看法。以斯托克西联合社为例，这是一个提供库存照片和媒体内容的平台合作社。与盖蒂图片社等传统照片服务形成鲜明对比的是，这家合作社为摄影师提供 50% 至 75% 的分成，是库存摄影行业中利润分成比例最高的。在居家照护方面，英国的平等照护合作社（Equal Care Cooperative）也为其成员带来了类似的成功。"我现在每小时收费 14 英镑，［并］向办公室缴纳 5 个百分点。"平等照护合作社的成员丹尼尔·卡希尔在 2021 年接受我采访时说道，"我在合作

社的收入几乎是以前的两倍。"[原注19]

在网约车方面,加拿大的多利益相关者合作社伊娃(Eva)支付给司机的薪酬比优步或来福车高出10%。同行业中,总部位于纽约市的司机合作社为所有司机提供有竞争力的基本工资——每小时30美元,无论他们是否载有乘客。在家政清洁领域,美国Up & Go的员工-所有者每小时的平均时薪是25美元,而2019年纽约大都会地区的平均时薪为18.03美元。[原注20] 相比好易帮保留约20%的收入或跑腿兔最多保留30%的收入,Up & Go仅保留员工收入的5%用于平台运营和维护。[原注21] 在这5%中,3%用于信用卡公司的交易处理,2%用于平台自身的维护,即后台的技术保障。在此,我们可以再次注意到这些合作社与联合国可持续发展目标中关于贫困、饥饿、健康和福祉的交叠之处。

然而,并非所有平台合作社的成员都能平等分享合作社的收入。2017年在纽约举行的平台合作社大会上,我正站在台上准备欢迎观众,一位朋友走过来在我耳边轻声说,她听说斯托克西联合社并不平均分配利润。这件事显然让她感到不安。但考虑到生产者本身的投入也是不均衡的,我觉得她的反应稍微有失公允。毕竟,该平台支付的报酬是盖蒂图片社的两倍。当1 000个人将他们的照片(单张或整个系列)发布到平台时,如果不管照片是否被购买,以及被购买的频率如何,都让每个人获得相同的报酬,这显然是不合理的。

我认为财富均等分配这个提议,并不适用于像斯托克西联合社这样的由艺术家拥有和运营的生产者合作社。对一些艺术家来说，斯托克西联合社是他们的主要收入来源，他们为单次拍摄投入了大量的资源和精力。（美国学者朱丽叶·朔尔在其著作《零工之后》中指出，"在某些情况下，高贡献者的投资额高达 2 万美元。"）而对其他人来说，这只是一种消遣。平台摄影师赫克托很少使用该平台，他形容自己作品的偶尔售出为他支付了"啤酒、波旁威士忌，偶尔是黑朗姆，有时是白朗姆"的账单。[原注 22]

值得注意的是，即便在像 Up & Go 这样为所有成员提供同等时薪的平台合作社里，一些成员也可以选择多工作几个小时，从而赚取更多的收入。虽然并非所有的平台合作社都建立在绝对平等的基础上，但平台劳动者合作社是团结的载体，与联合国为所有人提供"体面工作"的发展目标相一致。

轮班劳动者从平台合作社获得的好处远不止更高的薪酬。平台合作社一个关键的竞争优势在于成员对软件和自身知识产权的所有权。这带来了一系列与透明度和隐私相关的优势和福利。

这一点从以下事实中显而易见：平台所有权使社区能够让算法的运作对用户透明可见。那些背靠风险资本的传统平台，其目标是提取用户数据并将其转化为收益。相比之下，此类社区在捍卫用户和员工的隐私方面拥有更大的自主权。由于数据流不透明，特别是大型科技公司提供的上游云服务的数据流不透明，平台合作社的创始人可能难以将数据所有权作为与这些数据相关的一系列权利交付给用户。对这些创始人而言，与其设法声称自己拥有数据所有权,不如专注于控制数据的访问和获取,这样更有意义。数据的控制和访问不仅限于代码层面,还涵盖了财务资源和预算的管理。一些平台合作社,如公平市集(Fairmondo)和扩音社(Ampled),使用如 Open Budget 这样的透明、参与式预算工具。[原注 23] 这一工具能够让人们查看他们的组织如何使用资金。例如,通过易于理解的格式来跟踪和展示财务数据,Open Budget 增强了公民对政府(或地方平台合作社)的问责能力。

平台合作社 MIDATA 掌握着一套全面的健康数据。相较于企业实体,患者更愿意将自己的数据托付给合作社,因为后者允许他们控制数据的共享方式。当一个成员平等的社区拥有软件的控制权时,数据滥用的可能性就会大大降低。此外,MIDATA 还采用了瑞士银行的软件来加强安全防护,这也是一个优势。"目前,大多数银行软件的管理员可以访问客户数据。然而,在(这个)个人数据平台上,每条记录都是加密的,只有账户持有人拥有密钥。"[原注 24]

当然,由于服务器维护费用高昂,小型平台合作社的隐私保护能力有限,导致像亚马逊网络服务(Amazon Web Services)这样的云服务大行其道。尽管加密行业的隐私保护工具可以提供匿名性,但维护公共区块链网络的成本高昂,对于某些项目来说并不可行。

合作社创造的社会价值不仅体现在对软件的相对控制上,还延伸到职场生活的细枝末节。一项全球研究显示,85% 的成年人"不投入或积极不参与"工作。[原注 25] 而另一方面,劳动者合作社非常重视员工的投入和参与。研究表明，由于合作社成员之间的信任度、参与度、知识共享和团队合作程度较高，劳动者合作社在生产率方面的表现优于传统企业。[原注26]

尽管备受吹捧，由投资者拥有的零工平台却将劳动者视为可替代的劳动力，而许多平台合作社则致力于投资其员工的教育。结果呢？合作社的员工缺勤次数更少，与公司合作的时间更长。斯托克西联合社甚至将其成员数量控制在1 800人左右（分布在90多个国家），以便集中精力培养现有劳动力。研究还证实，初创阶段过后，在面对困扰资本主义的经济危机时，劳动者合作社比传统企业更具韧性。对乌拉圭、西班牙和法国等国所有企业的比较分析表明，劳动者合作社的存活率比一般企业高出16%。[原注27]英国的数据显示，"合作社初创企业头5年的存活率几乎是传统公司的两倍。"[原注28]因为劳动者合作社是以人为中心的组织，即使在面临盈利困难时也不会轻易倒闭，因此它们更具韧性。

合作社也更加多元化。工作场所民主研究所（Democracy at Work Institute）2022年对美国180家劳动者合作社的调查表明，合作社成员中大约有50%是女性，25%是拉丁裔。尤其是在发展中国家，大量女性加入了劳动者合作社。在印度东部城市加尔各答，有一家拥有2万名成员的性工作者合作社。合作社可以扭转长期被边缘化的群体所面临的制度性排斥，并创建一个新的体系，让每个成员都能蓬勃发展，并被视为社会的宝贵资源，受到应有的尊重和对待。

巴尔的摩有一家名为奥尔班（Obran）的由劳动者拥

有的合作社集团，旗下有 5 家公司，业务涵盖技术人员配备、建筑和户外家具租赁等领域。虽然奥尔班提供的服务并非专门针对黑人、原住民或其他有色人种，但他们却极力强调自己致力于"支持黑人和棕色人种"，这与他们的核心价值观是一致的。科尔人力资源是一个帮助曾经入狱的人找到体面工作的合作社平台。计算机科学家兼科尔人力资源联合创始人约瑟夫·丘尔顿（Joseph Cureton）解释道："我们 2016 年启动这个项目的时候，发起人和领导者都是重返社会的公民……那些实际从事这项工作的人。这个项目源自巴尔的摩的黑人科技者聚会（Bmore Black Techies Meetup）。"[原注 29]

女性主义的设计方法

如果采用交叉女性主义的方法来设计平台合作社，可能会是什么样子呢？Mozilla 非洲创新市场的特别顾问舍奈·谢尔（Chenai Chair）提出了一种针对数字平台的女性主义方法，目的是为了解决访问、技能、支付能力和"数据监控"等问题，呼吁人们重新考虑数据收集和储存，以避免在南非出现基于种族、民族、地理位置、健康状况和性别等因素的歧视。

女性主义和反种族主义的科技研究者强调，性别歧视、白人至上主义和残障歧视等相互交织的压迫形式，已经融入平台和系统的设计之中。这不仅仅是偏见的问题，而且是这些压迫形式已经深深嵌入我们技术的基本结构的结果。[原注 30] 而当社区拥有对平台的控制权时，就能够更好地对抗这些偏见。

谢尔主张使用一种女性主义的方法来构建数字平台，以解决针对有色人种女性的歧视，保障她们的安全，以及抵制利用"阴影封禁"[1]阻碍女性主义对话的行为。[原注31]对平台合作社而言，采用交叉女性主义方法不仅要在招聘时注重包容性，还需要更广泛地认识到互联网上的数据实践如何影响人们。"阴影封禁"是指在用户不知情或未得到通知的情况下，有意将其内容隐藏起来，不让更多用户看到。美国互联网研究学者萨菲娅·乌莫哈·诺布尔（Safiya Umoja Noble）指出："正是那些开发搜索算法和架构的人，乐于在工作及其他场合公开宣扬性别歧视和种族主义的观点，而我们却要相信这些员工正在开发'中立'或'客观'的决策工具。"[原注32]

谢尔将数字平台的女性主义方法定义为，通过发展社会运动、塑造在线公共空间和制定新的互联网政策来进行抗争。其核心目标是通过共同设计、集体决策和开源软件等参与式实践，使数字平台更加人性化，并更好地服务于劳动者和社区。值得一提的是，这些行动实际上也促进了联合国确定的可持续发展目标，这些目标对于实现一个公

---

[1] 阴影封禁（shadow banning）即在社交媒体或在线平台上，用户的内容会被有意隐藏或限制在更广泛的观众之外，而用户本人并不知情或收到通知。这种做法使得用户发布的内容不会被其他用户看到或检索到，从而限制了用户的影响力和参与度，但用户本人却不清楚他们的内容已经被屏蔽。阴影封禁通常是由平台运营商或算法自动执行的，目的可能是限制特定用户或内容的传播范围，或者是对违反平台规定的内容进行处理。然而，由于用户不会收到任何通知或警告，因此他们可能并不知道自己的内容已经被阴影封禁，这可能导致用户感到困惑和不满。总的来说，阴影封禁是一种对用户内容进行隐藏或限制的做法，可能会影响用户的言论自由和参与度。

平、公正和可持续的世界经济至关重要。

平台合作社通过优先考虑环境目标而非利润最大化，展示了它们在缓解不断升级的气候灾难方面的决心，并强调了它们超越单纯经济利益的承诺。巴塞罗那的卡图玛（Katuma）是一个"从农场到餐桌"的平台合作社，其目标是通过增强食品供应链的团结和推广可持续的农业技术，来创建更环保的食品系统。该平台由个人、消费者团体和当地的生产者共同拥有和管理。他们共同探索如何利用新技术帮助农民监测气候数据，并向分散化的能源基础设施过渡。

与此同时，一些大型食品配送平台和快递平台已承诺实现零碳排放，其中包括欧洲的库普赛克和埃蒂凯配送合作社。这两家平台都致力于——并在大多数情况下坚持——仅使用自行车的政策。埃蒂凯配送合作社将零碳排放作为竞争优势而加以宣传。

我在上文已经介绍了 La Zona 平台合作社，它是西班牙加泰罗尼亚地区推出的一个更符合道德标准的亚马逊替代品。2021 年，该合作社通过 50 个配送中心联合了多达 1 000 家合作社企业，在西班牙 17 个省份实现了共享订单的处理和配送服务。为了减少碳排放，配送员步行、骑自行车或滑板车派送包裹。加入 La Zona 需遵循可持续发展战略和治理标准，这与联合国可持续发展目标之一——建设可持续城市和社区——相一致。

在巴西圣保罗，一个名为卡塔基（Cataki）的数字平台使回收者和拾荒者（当地人称为"catadores"）能够了解到公司、建筑群和市政当局丢弃废金属、瓶子和纸板箱等可回收物的地点。卡塔基虽然不是合作社，却遵循着合作社价值观。卡塔基于 2017 年由一位自称"蒙达诺"（Mundano）的当地艺术家创立，它使得居民、企业与附近的拾荒者建立了联系。这些拾荒者共同承担了巴西大部分的回收工作。在这个国家，只有不到 20% 的人口能够接触到公共回收计划。

卡塔基平台简单有效：拾荒者利用卡塔基应用程序联系附近的废品回收者，不识字的人则使用 WhatsApp 语音信息。截至本书撰写之时，已有超过 4 500 名拾荒者在卡塔基平台上创建了账户，他们每月在全市范围内共同管理着超过 1 000 次的回收工作。蒙达诺说道："全球共有 6 400 万（像这些拾荒者一样）的'隐形英雄'，他们正在努力拯救地球，从人们视作垃圾的废品中堂堂正正地谋生。"

由于巴西没有为生活垃圾提供国家资助的回收计划，该平台不仅为贫穷的回收者创造了一个更安全的新就业领域，还为公众创造了巨大的价值。这项工作对生态的影响至关重要。据估计，巴西高达 90% 的垃圾回收可溯源至约 40 万名拾荒者的劳动，而这些拾荒者大多没有得到来自工会或合作社的支持。虽然卡塔基平台聚集了许多拾荒者，却尚未将他们有效组织起来。[原注33]

哥伦比亚和埃及也存在类似的非正规回收。据世界银行估计，目前全球南方有 1% 的城市居民以拾荒为生。值得注意的是，纸张、塑料、玻璃和铝的回收是联合国可持续发展目标之一。该目标强调，如果以目前的消费速度维持我们现有的生活方式，到2050年，我们将需要相当于近3个地球的资源来支撑。在这里，卡塔基平台和其他拾荒者的努力再次呼应了联合国发展议程。

世界危机源于对经济增长的过度关注，而合作社企业则优先考虑通过合作和共情来解决这些危机。但是在印度尼西亚，受风险资本与持续增长的驱动，卢安古鲁（Ruang Guru）、托科皮迪亚（Tokopedia）和戈捷（Gojek）等受政府补贴的科技巨头垄断了资源的获取。我与合作社创立者海拉·哈迪扬蒂开了一次虚拟会议，期间不时被她的孩子们打断。她解释说，这些由风险资本资助的应用程序主导了印度尼西亚市场。这些应用的唯一目的是什么？就是不惜一切代价地增长。

"这些由风险资本资助的应用程序，是人们获取政府资源的唯一途径。"她解释道，"人们依然贫穷，高管们却越来越富裕。这真让人恶心。"[原注34]尽管印度尼西亚拥有3 900万合作社成员，政府仍未在法律上承认劳动者合作社。贝塞尔蔬菜配送社（Beceer）是印尼最早的早期平台合作社之一，起初在东爪哇省运营，其"从农场到餐桌"的应用程序在疫情期间发挥了关键作用。

在爪哇省的阿克萨农场，我与一群在城市里从事鹌鹑和蛆虫养殖的农民聊了聊。我们的谈话总是被小公鸡嘹亮的叫声打断。这些农民尝试采用平台合作社的模式，让年轻人参与到农业中来。农民的子女未必会像他们的父母那样对合作社（或农业）充满热情。年轻一代可能仅仅将合作社视为老一辈做生意的方式，然而尝试新技术有助于吸引年轻人留在农业领域。在向印尼某部门作报告时，我了解到印尼政府目前正在推广"数字合作社"。据统计，印尼共有250家数字合作社。这与一个事实相吻合，即印尼有28%的人口是10岁至24岁的年轻人，总计6500万人。[原注35]

年轻人可以通过参与决策和整体运营，并贡献新想法、精力和热情，为合作社的成功发挥关键作用。国际合作社联盟研究所（ICA Institute）最近的一项研究发现，年轻人加入合作社后，他们更有可能成为当地合作社的终身成员和积极支持者。[原注36]

在2018年在香港举办的平台合作社会议上，这一主题也被反复提及。会上，一位来自台湾生态村的代表提到其试图利用技术阻止年轻人迁往城市。[原注37]亨利·卡西菲（Henri Kasyfi）探讨了一种利用人脸识别技术帮助街头商贩的合作社支付平台。卢善姿（Gigi Lo）介绍了一个名为"为她翻译"（Translate for Her）的项目，该项目旨在帮助香港不懂中文的少数民族女性。潘毅（Pun Ngai）是著名社会学家，也是《苹果背后的生与死：生产线上的富士康工人》[1]的合著者。她认为，香港平台合作主义面临的挑战在于它不应仅仅成为一个空洞的口号，而应成为"植根于真实斗争中的社会运动"。全球有60%的人口居住在亚洲，合作社数字经济在解决该地区紧迫的社会和政

---

[1] 此处原文是 *Dying for Apple: Foxconn and Chinese Workers*，推测应为潘毅（Pun Ngai）、陈慧玲（Jenny Chan）、马克·塞尔登（Mark Selden）合著 *Dying for an iPhone: Apple, Foxconn, and the lives of China's workers*，该书繁体中文版《苹果背后的生与死：生产线上的富士康工人》2015年由中华书局（香港）出版。

治难题方面拥有巨大的潜力,并且能够对年轻人的生活产生实质性的影响。

照护文化

当前环境中,有许多"社会合作社"的例子体现了合作社对价值的理解。这些合作社涉及医疗保健、老年照护、社会服务、劳动力融合(即帮助残障人士、失业者、移民和有犯罪记录的人获得工作机会并融入工作环境)等行业。这些行业的工作往往非常辛苦并且对体力要求很高。与此同时,以合作社形式组织的照护行业带来的好处迅速与联合国可持续发展目标(SDGs)中的健康和福祉目标相融合。研究表明,照护行业的合作社成员更有可能主动关注自身健康。"合作社成员生病的频率较低。一旦生病,他们更有可能接受治疗。而且相较于没有加入合作社的人,他们寻求治疗的时间也更早。"英国平等照护合作社的丹尼尔·卡希尔告诉我。[原注38]"现在我每周在合作社工作30个小时。之前在另一家照护机构,我每周要工作50到60个小时。"(自我照护意识的增强不仅影响了照护领域,还影响了合作社其他领域。正如玛乔丽·凯利所指出的,合作社中的女性更有可能获得产前、产后和分娩照护,因为合作社成员不需要为巨额医疗开支而担忧,也无需背负与健康相关的沉重债务。[原注39])

多利益相关者的社会合作社是另一个重要的照护场所。这种模式创建于20世纪70年代的意大利,在当地尤为普遍,意大利约有1.5万家这样的合作社。多利益相关者社会合作社在所有权和治理结构中包括了劳动者、消费者、生产者，通常还包括当地社区。此类合作社经常专注于提供与照护相关的产品或服务。意大利社会合作社的平均规模仅为30名成员，却为近700万意大利人提供了"庇护就业"[1]和服务。如果这些合作社能设法熬过成立的前5年，那么它们将会非常持久，存活率可达80%。[原注40]

意大利的社会合作社"产生了许多社会创新，而不是电子创新"。在疫情期间的一次视频会议上，历史学家维拉·内格里·扎马尼（Vera Negri Zamagni）告诉我："它们的创新之处在于，为通常得不到充分服务的人群提供医疗服务。幼儿、老年人、自闭症患者等残障人士，以及移民和刑满释放人员。残障人士成功被餐厅聘为服务员。意大利人喜欢这种包容性。多利益相关者合作社比许多政府计划更为灵活。"[原注41]

另一种常见的以照护为基础的多利益相关者合作社是社区合作社。这些利益相关者合作社作为自下而上的方案出现，旨在保护、使用和重建社区资产，以及管理准公共服务和社区发展项目。[原注42]虽然多利益相关者社会合作社和社区合作社都拥有众多利益相关者群体，并且经常致力于满足特定社区的需求，但社区合作社通常涵盖更广泛的利益相关者，有时甚至包括一个小镇的所有居民。在意大利阿尔卑斯山那些人口稀少的老龄化村庄里，社区合

---

[1] 庇护就业（Sheltered employment）是一个专业术语，通常指的是为特定群体（如残疾人、长期失业者、有特殊需求的人等）提供的就业机会。这种就业通常是在受保护或受支持的环境中进行的，目的是帮助这些群体获得工作经验、技能培训，并最终实现社会融合和经济独立。

作社变得越来越普遍。其业务范围并不局限于某一特定领域，而是可能涉及森林伐木、餐馆经营、邮局管理或旅馆运营等多个领域。

持续演进的艺术家支持体系

世世代代，艺术家们都联合起来，扩大他们的集体声音。1919年，查理·卓别林和一群电影制作人成立了联美公司（United Artists），彻底打破了传统商业影视制片厂的控制，成为了集体力量的象征。这无疑是艺术家为共同目标携手合作的最具标志性的一个范例。早在跨国集团拥有电影产业之前，这些创作者就相信可以通过团结寻求宝贵的自主权。时间快进到1947年，那时罗伯特·卡帕（Robert Kappa）、亨利·卡蒂埃-布列松（Henri Cartier-Bresson）和一群摄影师努力创建了玛格南图片社（Magnum Photos），一个旨在颠覆摄影行业，并为摄影师的创作提供集体支持的国际企业。如今，从纽约到东京，玛格南图片社在世界各地都设有办事处，并继续保持着合作精神。

在21世纪，音乐人的收入仅占音乐产业总收入的12%。声田（Spotify）是一家公开上市的流媒体平台，拥有2 500多万艺术家和1.4亿订阅者，市值高达480亿美元。声田为人们提供了获取音乐的便捷途径。但是，在该平台上，艺术家从每次流媒体播放中所获得的收入不到半美分——一首歌必须被播放250次才能赚取1美元。[原注43]同时，黑箱（Black-boxed）算法推荐系统向听众推荐定制化的音乐。一项研究表明，声田仅有0.4%

的艺术家获得了至少 10% 的版税。[原注44]截至目前,声田董事会中还没有艺术家。

显然,一个由利益相关者拥有的音乐流媒体平台能够实现更公平的利润分配,而无需直接与声田竞争。相反,由遵循合作原则并共享数字基础设施的小公司组成的生态系统,就可以替代市场上占主导地位的、由风险资本支持的平台。

为了了解流媒体平台的艺术家所有权可能是什么模样,让我们把目光投向三家由音乐家经营的小型合作社:声音催化社(Catalytic Sound)、扩音社和共鸣音乐社(Resonate)。它们都将共有资本、社会资本和人力资本置于资本主义之上。

声音催化社就像是大型零售商主导的世界里的一家独立唱片店,是一个"对自己现有音乐作品的传播和销售拥有更大掌控权的音乐创作者集体组织"。简单来说,在声音催化社花的钱,50% 直接支付给音乐家。一篇文章将声音催化社描述为"一个追求无政府平等主义的组织,每位成员对每项制度决策都有发言权……对艺术家来说,这意味着他们有了经济保障,可以投入更多时间研究和发展自己的艺术实践,而不是在日常工作上耗费时间"。[原注45]声音催化社拥有规模适中的订阅者群体(目前为 141 人,且仍在增加),它利用赞助人(Patreon)、声云(SoundCloud)和乐队营(BandCamp)等数字基础设施来存储和播放音乐。

扩音社是一家位于纽约的平台合作社,拥有 500 多名艺术家。正如其创始人所言,扩音社"100% 由艺术家、员工和社区拥有、控制和治理，[同时]作为对行业内现有企业未能满足艺术家需求的回应，为艺术家提供服务"。[原注46]拥有者掌控着音乐制作、营销和销售的方式，并在此过程中孕育出一种持续欣赏与支持的文化。

合作社提供各种不同类型的课程，包括为制作人-成员（拥有超过10名支持者的艺术家）、员工-成员（至少工作了80个小时的贡献者）以及缴纳社区会员费的社区成员开设的课程。每位成员只有一票投票权。扩音社的创建旨在实现可持续发展与社区利益，而不是追求快速盈利或被更大的科技公司收购的机会。扩音社的联合创始人奥斯汀·罗比（Austin Robey）说道："我们已经成为数字新农奴——耕种着不属于我们的土地，上交丰收的成果。"[原注47]与赞助人等平台不同，扩音社赋予艺术家成员财务权和决策权。凡是涉及商业战略——如投资和筹款策略的审批、盈余的重新分配、预算制定和新贡献者（艺术家）的核准——均依照扩音社官网所公开的透明程序，进行民主决策。[原注48]

作为一家开创性的艺术集体组织，扩音社从多种角度定义了他们所看到的合作社价值：集体所有权、参与式民主管理，以及最终实现对物质回报的公平分享方式。

扩音社邀请艺术家和支持者们在其网站上审查他们的财务决策。同时，扩音社正在为其"时间银行"开发一种治理型代币系统[1]。该系统将允许有贡献的成员为扩音社

---

[1] 治理型代币系统（governance token system）允许代币持有者参与项目的管理和决策，实现去中心化自治。通过持有治理型代币，社区成员可以对项目的发展方向、技术更新、资金使用等重大决策进行投票表决。

工作几个小时,然后获得其他成员提供同样时长的服务。

第三家指明前进方向的艺术集体组织是共鸣音乐社,一个拥有3万人社区的音乐流媒体平台合作社。[原注49]"我们社区为那些真正热爱音乐的人提供音乐。"共鸣音乐社的首席执行官里奇·詹森(Rich Jensen)向我解释道,"我称之为'庞大的少数派',可能仅占总人口的0.5%。对他们来说,音乐就是他们的超级力量。"[原注50]共鸣音乐社超越了"声田杀手"这一标签,走上自己独特的道路,提供了引人入胜的音乐之旅,与忠实听众产生了深深的共鸣。

与其他平台合作社一样,共鸣音乐社非常适合音乐产业,因为它培育了真正的由艺术家、粉丝、设计师和技术人员组成的社群。共鸣音乐社的音乐人名录不受不透明的算法操纵,同时听众的数据也未被监控技术非法采集,这些因素共同提升了此类平台合作社所提供的独特价值。即使扩音社、声音催化社和共鸣音乐社不能保证为他们的艺术家提供基本生活工资,它们所提供的服务和价值也无疑胜过了声田。

为乡村社区带去价值

在评估合作社时,有一种价值创造形式常被忽略,那就是保护乡村传统。巴西农业领域的合作社价值保护了乡村传统,并贡献了该领域约64%的收入。这使得农业成为一个前景光明的领域,不仅能让平台合作社接触到年轻一代,还能为他们提供新的机遇。[原注51]此类合作社涵盖了从小型家庭农场到大规模商业运营的方方面面。在全国合作社协会——巴西基层合作社组织系统（Sistema OCB）——于巴西利亚举办的最大会议上，一位年轻的合作社员工艾琳·奥古斯塔·奥利维拉告诉我，她认为"乡村"的价值是平台合作社最大的潜力所在。她说："平台合作社可以触及我们这一代乡村青年，为我们带来新的机遇。"

在莫比出行合作社的工作中，我们可以清楚地看到平台合作社为乡村和郊区社区带来的价值。莫比出行是一家共享出行合作社，它与法国乡村地区的市政当局合作，旨在解决"最后一英里的问题"。莫比出行不仅为司机们开辟了一条新的收入途径，还提供了一个平台合作社模板。这个模板可以被市政当局采纳，并与其火车系统整合，使得乘坐火车上下班的通勤者能够方便地安排从车站到家的交通服务，同时确保司机们也能获得具有市场竞争力的薪酬率。

我们拥有自己的故事

1999年11月，我在俄勒冈州波特兰市的一所大学任教时，安排了一辆公车带领学生前往西雅图参加反对世界贸易组织的街头抗议活动。在那些如今被称为"西雅图之战"的抗议活动中，一个名为"独立媒体"（Indymedia）的媒体组织诞生了。这一活动家出版平台的创立旨在抵制主流媒体对抗议活动的报道。主流媒体的报道——以史为鉴——往往哗众取宠、缺乏深度且带有敌意，其采用的新闻框架倾向于强调暴力，而不是探讨抗议的原因及其政治议程。"独立媒体"的价值主张非常明确：利用 Web 2.0 技术，从草根视角讲述抗议活动的故事，这意味着你，没错，你，也可以撰写新闻。这一主张主要基于传统新闻机构在地方和国家层面的市场失灵。

当时，这被称为"读写技术"。几年后，在美国主导的伊拉克战争前期，《纽约时报》和其他主流媒体传播了布什政府关于伊拉克拥有大规模杀伤性武器这一明显不实的信息。当时，这份资金有限的小型报纸和记者网络与抗议网（Protest.net）、纸老虎电视（Paper Tiger TV）、深盘电视（Deep Dish TV）等公民新闻平台一起变得至关重要。

《纽约时报》等报纸在入侵伊拉克之前、期间和之后的行为，完全符合诺姆·乔姆斯基和爱德华·S. 赫尔曼（Edward S.Herman）于 1988 年合作撰写的《制造共识》（*Manufacturing Consent*）一书中对美国企业大众传媒的开创性分析。书中将美国的这类媒体描述为"强大而高效的意识形态机构，通过依赖市场力量、内在化的假设和自我审查，而又无需明显的强制手段，行使着对体系提供支持的宣传功能"，并利用传播的宣传模型来实现这一目的。[原注 52]

相比之下，美国的独立新闻机构（如"独立媒体"）以及新兴博客圈的声音则指出，没有确凿的证据证明这些大规模杀伤性武器的存在。这也与分析一致，表明由利益相关者（包括员工、记者和读者）拥有的新闻机构为媒体格局增添了多样性，并提供了更多的问责制，这体现在它们愿意挑战那些政治和经济精英阶层传递的官方叙事。[原注 53]

这种价值创造的方式在美国媒体和全球范围内都有着悠久的历史。媒体合作社的历史源远流长。早在1846年，纽约市的4家日报社为了报道美墨战争并与哗众取宠的廉价小报竞争，共同创立了美联社（Associated Press，简称AP）。美联社向其成员提供独家新闻，并根据使用情况向报纸收取费用，从而成为全美报纸的主要新闻提供商。

在新闻界有许多著名的合作社，如新国际主义者(New Internationalist，1973)、宣言报（Il Manifesto, 1969)、周报(Die Wochenzeitung，1984)、梅多尔(Médor, 2015)、正面新闻(Positive News, 1993)、日报社(La Jornada, 1984)、日报(Die Tageszeitung, 1991)和经济替代方案(Alternativas Económicas，2013)。而希腊的媒体合作社艾夫辛报（Efsyn，2015）也是其中之一。

合作社所有权在新闻业早有存在。但是在数字时代，这种所有权模式提供了创造价值和抵御审查的新途径。平台合作社更有利于保护读者的隐私，并利用分布式技术使关闭异见新闻网站变得更加困难。区块链技术同样具有潜在的应用场景，媒体合作社可以采用适合当地的多利益相关者合作社模式，让更广泛的社区参与到组织中来。

随着这种模式的发展，也会有失败的教训可供借鉴。其中一个案例是关于文雅媒体公司（Civil Media Company）的。这是一家由共识科技（ConsenSys）支持的公司，它自称为"可持续新闻的去中心化市场"。[原注54] 文雅媒体公司试图使用一种名为"CVL代币"的本地加密货币来支持和捍卫公共新闻的独立性，但其筹款远未达到目标，绝大多数代币被共识系统科技购买，从而导致一个据称去中心化的治理体系实际上被中心化了。[原注55] 2020年，在运营了 2 年之后，该项目关闭了。[原注56] 文雅媒体公司的成立受到了记者汤姆·斯蒂茨（Tom Stites）创立的班杆树项目（Banyan project）的启发和影响。该项目作为一种早期尝试，旨在支持由读者拥有的本地新闻合作社，并对抗全球范围内"新闻荒漠"的趋势。

重新思考价值创造

最后，让我们回顾一下与泰勒·考恩在马德里碰面的情景。当时，考恩对所有合作社（无论大小）都予以草率否定，他认为合作社"太边缘化了，不值得考虑"。正如我指出的，你需要一种极其狭隘的视角才能忽视合作社所创造的价值。但是他的话语引发了我的思考。

一个更加全面的视角可能会承认并重视这样一个事实：合作社为劳动者、社区及经济创造了多种形式的价值，而这些价值却几乎没有体现在 GDP 中。一直以来，传统的劳动者合作社不仅发扬尊重个人尊严的文化，还致力于提升成员的教育水平，并确保员工获得公平的薪酬。

我们可以从英国经济学家维尔日妮·佩洛坦（Virginie Pérotin）的研究中清晰地看到这一点。佩洛坦对劳动者合作社进行了广泛的研究，发现合作社比传统企业更具生产力，正如我前文所述。[原注57] 佩洛坦将这种更高的生产力归因于三个因素：员工对组织的感情更深、信任度更高、彼此间的知识交流更有效。这使得员工更加投入公司的业务之中，并更有可能超越工作职责，付出额外的努力。

其结果是形成了信任和认同的良性循环，为员工带来更大的稳定性、安全感和动力——同时也为企业带来更多的生产力。

合作社为边缘化的群体创造了就业机会，为照顾儿童和老人提供了便利，并通过推动工作场所民主，提高员工期望并鼓励政治参与。合作社还通过促进交叉性[1]、原住民正义[2]和支持农村价值，为联合国可持续发展目标作出了贡献。

合作社的倡导者宣称，这些价值形式在整体上具有"社会影响力"，但这种影响也体现在个体层面上，可以描述为将"尊严"还给了劳动和生活。我在本章中引用了几位劳动者的例子，他们具体展示了这种生活的尊严。那些离开了合作社的人通常会在其他工作中寻找"合作社"特质，哪怕就业市场对他们不利。如果找不到，他们很有可能主动要求这些特质。

让我们把目光转向合作社数字经济中已实现的和潜在的独特价值创造形式。我认为，正是在这里，相较于主流的"魅力"平台，合作社模式为初创企业家和用户提供了

---

[1] 交叉性（intersectionality）是一个社会学概念，最初由法学教授金伯莉·克伦肖（Kimberlé Crenshaw）在1989年提出，用于描述不同形式的社会歧视（如种族、性别、阶级等）如何交织在一起，影响个体的生活经历。在合作社的背景下，交叉性意味着认识到并解决不同社会身份和边缘化群体所面临的多重歧视和不平等，促进包容性和多样性。合作社通过这种方式，支持所有成员的平等参与和贡献，无论他们的种族、性别、性取向、残疾状态或其他社会属性。
[2] 原住民正义（Indigenous justice）关注原住民群体的权利和需求，包括文化自主、土地权利、资源管理，以及在社会、经济和政治决策中的代表性和参与。在合作社的背景下，这意味着支持原住民社区在维护和发扬自己的文化、传统和生活方式方面的努力，同时确保他们在合作社的运作和决策中拥有公正的代表权和利益。

被低估的社会和经济价值主张。

平台合作社不仅提供自我管理和自治,还提供始于工作场所的开放式数字社会经济。它们保持对用户数据和劳动者数据的控制,推动以共享资源为导向的方法,并在分布式所有权结构内促进民主决策和控制,使劳动者得以摆脱"算法老板"的束缚。

正如我们在 Up & Go 案例中所看到的,平台合作社可以提供更高的薪酬——有时是市场价格的两倍,甚至更多——以及更多的自由和安全感。平等照护合作社的成员描述了能够自主安排时间和更好地平衡工作与生活的喜悦,以及从以往繁琐的文书工作中解脱出来的轻松感。法国莫比出行合作社的成员与上文提到的巴西合作社大会上那位年轻女性的观点不谋而合。他们都认可合作社在乡村地区的潜力,尤其是看见了解决"最后一英里问题"的价值所在。像博洛尼亚的埃蒂凯配送合作社这样的食品配送平台正在利用自行车促进生态的可持续发展,而巴西的卡塔基平台则在帮助弱势回收者寻找可回收材料。合作社将所有利益相关者的稳定性置于短期利益之上,这使得它们在危机时期更加成功。平台合作社证明了以人为中心的零工经济并非一个遥不可及的幻想,而是所有者-员工(owner-worker)在日常工作或休息时表现出来的现实。

第五章 韧性的根源：工会和平台合作社

我在巴塞罗那的莱埃塔那大街的二楼，拜访了加泰罗尼亚的食品配送合作社应用程序门萨卡斯的总部。这条大街从乌尔基诺纳广场一直延伸到海边的安东尼奥·洛佩斯广场。街上的现代主义建筑和临近兰布拉大道的地理位置深深地吸引着外来游客和当地居民。我沿着一家小超市旁的楼梯走上去，叩响了加泰罗尼亚替代工会联盟（Intersindical Alternativa de Catalunya，IAC，自称是一个"激进、独立的联盟"）的大门。我穿过高大厚重的木门，一位温文尔雅的男子热情地迎接了我。他的名字叫奥利奥尔，是门萨卡斯合作社的其中一位创始人，当时还不到三十岁。

奥利奥尔向我讲述了前优步外卖、格洛沃（Glovo）和户户送的配送员如何在 2017 年联合起来，"为送货上门的劳动者争取劳工权利和体面的生活条件，为整个工人阶级的未来而战"。[原注1]

在正午城市的喧嚣声中，奥利奥尔从当地的优步外卖、格洛沃和户户送的配送员的挫折开始，详细讲述了合作社的起源故事。由于对低薪酬和权利缺失感到愤慨，他们联合起来争取更好的待遇，争取他们能够真正掌控的事物。奥利奥尔在讲这个故事的时候，一位最初的配送员奇基·布拉西也加入了我们的谈话。他骄傲地透露，他所在的户户送配送员团队带头开发的平台合作社组织后来发展成了门萨卡斯合作社。"我们是工人阶级！"布拉西激动地大声说道。

他们的第一步是加入一个名为 Riders X Derechos（Riders4Rights，骑手权益）的配送员协会。一年后，门萨卡斯的最终创始人加入了加泰罗尼亚替代工会联盟。他们决定一起罢工对抗户户送。200 多名配送员参与了此次罢工，并成功迫使该公司修改了合同。但不幸的是，这使得门萨卡斯的创始人无法继续与户户送合作。这些配送员随后将户户送告上法庭，要求该公司将他们聘为全职员工。然而，具有讽刺意味的是，户户送却为他们提供了在公司外联部门工作的机会，他们自然拒绝了这一岗位。这件事的转折表明，由工会领导的罢工虽然可能有助于获得谈判筹码，但也可能给劳动者带来不一致的后果。事实上，即使是"成功的罢工"，也不一定能像合作社章程、所有权和决策权那样，为员工在工作场所带来更大的权力、控制权或对组织结构性的影响。

为了维持生计，这些被针对的配送员于次年 5 月创建了门萨卡斯平台合作社。门萨卡斯致力于兑现"做自己的老板"这一承诺，而大型平台却只是将其作为空洞的营销说辞不断重复。在门萨卡斯，员工们可以自己设定工作时间、控制数字平台并保留利润。他们正在使用库普赛克的软件。库普赛克是法国一家由成员治理的组织，它代表并支持欧洲及其他地区的配送劳动者合作社，同时提供车队管理、餐厅管理软件以及与第三方软件的外部集成。平台合作社模式与相关工会始终是门萨卡斯项目的一部分。

一提到工会，很多人都会联想到工厂的工人在工会官员的代表下谈判协商，争取更高的工资和福利。门萨卡斯展示了在平台经济中，工会和合作社如何以及为何应该合作。它证明了，工会并不像有些人想象的那样，在合作社的背景下是可以被取代或忽略的。事实上，本章强调了传统工会与平台合作社共同合作所能带来的优势。

从历史上看，工会和合作社都起源于19世纪40年代的英格兰北部，后来逐渐发展为致力于支持劳动者的两种组织结构。其实，在工会和合作社的早期历史中，它们是可以相互替换的。在维多利亚时期的英国，包括合作社在内的所有工人自发形成的组织通常被称为"工会"或"互助会"。合作主义的理论先驱，如比阿特丽斯·波特·韦布（Beatrice Potter Webb）和悉尼·韦布（Sidney Webb），不仅是伦敦政治经济学院的联合创始人，还撰写了大量关于工会和其他形式的集体行动的文章和著作。

在工会会员长期减少的现实面前，工会和合作社比以往任何时候都有必要铭记这段共同的历史、整合资源，并再次结合彼此的优势来改善各地劳动者的处境。尽管工会在许多工业化国家正日益衰落，但它们仍然拥有可观的收入和强大的社会影响力,能够通过在传统行业"实地部署"来改变话语权,并与大多数国家的众多劳动者保持着深层联系。工会还拥有物理空间、组织技能和与政策制定者的长期关系。而在这些机构资产之外,合作社(尤其是平台合作社)也带来了自己独特的贡献。其中最重要的是,合作社不仅可以接触到非工会化行业的劳动者,还具备应对零工经济实际生活情况的专业知识。鉴于这些及其他原因,我认为现代劳工活动对合作社持有的传统顾虑——尤其是对它们执行集体谈判协议能力的担忧——不仅是错误的,而且越来越不合时宜。

无老板的组织形式

由于在合作社中,雇员和所有者之间没有明确的界限,成员-所有者可能尚未充分认识到传统工会所能提供的优势,或许也没有动力去追求这些优势。在英语国家及其殖民地,大多数人认为工会和管理层之间存在一种敌对关系,并对劳动者所有权持怀疑态度。如果没有这些区别和利益冲突来推动整体的结构发展,那工会的存在意义又在哪里呢?

我们有充分的理由认为,合作社和工会在构建劳动者影响力方面是两种相互矛盾的模式。在合作社运动中,工会通常被视为自上而下的组织,由一小部分领导者做出影响全员的决策。然而,合作社由员工拥有和管理,因此每个人在企业经营方面都有平等的发言权。合作社企业可能会对工会有所顾虑,因为工会可能会干扰决策过程，暗示内部可能存在冲突，并且工会费会增加不必要的成本。此外，合作社还担心工会可能会对其运营施加外部控制。虽然乍看之下，工会模式和合作社模式似乎并不相同，但实际上却存在许多潜在的相似之处。工会在企业内外倡导员工权益，而合作社基于其所有权结构，从一开始就让员工参与决策。最重要的是，这两种组织都依赖于团结的力量。

怀疑是双向的。正如英国工会主义者戴维·奥康奈尔（David O'Connell）向我解释的那样，工会常常对合作社运动能够建立阶级团结的说法表示怀疑。他指出，一个普遍的工会观点是："合作社企业可能会为其所有者或用户带来诸多好处，但它本质上还是想要盈利，并不一定会动员其成员采取行动支持同行业内的其他劳动者。"[原注2]人们经常批评工人合作社充当了阶级冲突和阶级意识的"逃避通道"（exit-gateway），它诱使劳动者按照自己的方式参与资本主义制度，是一种替代阶级斗争的选择。[原注3]比阿特丽斯·波特·韦布和悉尼·韦布对合作社提出了一个反对意见，他们认为，劳动者没有组织起来斗争并取得胜利，而是变成了"小资本家"。正如工会经常所说的那样，合作社"试图在大工业家的直接控制之外，建立和发展一小部分资本。换句话说，合作社从劳动者与所有者之间的直接斗争中撤退了"。[原注4]

一位学者认为，在由员工拥有的企业中，工会不仅可以扮演"合法的反对派"的角色，还能够有效地代表合作社的非成员，这为合作社向工会敞开大门提供了理由。此外，还有许多理由支持这样的工会与合作社的联

合组织形式。[原注5]

以威尔士的一座煤矿为例。2001年的一项研究对比了这座煤矿在由威尔士合作社运营时和由英国政府运营时解决纠纷的程序及结果。[原注6]这个故事始于237名员工从英国煤炭公司（British Coal）手中买下了一座威尔士的煤矿，并将其转变为矿塔合作社（Tower Colliery cooperative）。1995年，一群积极的员工选择由工会代表，并决定动用自己的遣散费来支持工会提出的收购计划，以避免失业的风险。

现在，合作社有责任雇用负责安全、财务、工程和其他工作的管理人员，但董事会有权否决这些管理人员的决策。历史上，在政府拥有的矿场里发生的争议经常具有对抗性，其解决过程往往会导致停工。然而，在合作社的管理下，这一过程变得更短、更灵活，从而降低了冲突的激烈程度。尽管在法律上注册为私营有限公司，但矿塔像合作社一样，完全由员工拥有和运营。与经常遭受不满或工会行动的英国煤炭公司相比，矿塔的冲突较为缓和，而且员工现在也是所有者，因此工作更加努力。员工与管理层之间更加平衡的权力动态，促成了一种更加友好的、团队协作式的管理风格。

矿塔实行了股东民主和工会完全代表制度。这种运营模式让煤矿一直保持盈利，直至2008年资源枯竭。

工会反对合作社的论点有一个局限性，即习惯性地推测合作社形式单一，并且只为员工服务，而忽视了企业经营所面临的问题。批评家们或许应当重新思考合作社的多样性，尤其是那些面向满足生产者、劳动者以及更广泛社区需求的多利益相关者合作社。社会合作社作为这类合作社的一个分支,专注于提供社会服务。与传统合作社不同,社会合作社承载着明确的社会使命,涵盖从提供经济适用房到为残疾人提供服务等各个方面。社会合作社遍布全球,它们往往在合作社联盟的组织下开展工作。这些联盟负责促进合作社之间的联系并为合作社的运作提供支持。社会合作社能够在各种地方政治传统和文化土壤中生根发芽,茁壮成长。

在意大利,政府削减了用于福利系统的国家预算(2008年至2011年间实际削减了13%),这促使公民自发组织起来,提供基本的照护服务。政府通过颁布法律支持多利益相关者合作社来协助这一进程。意大利社会合作社的联盟使这种模式得以规模化,甚至能够与大型公司相抗衡。然而,尽管取得了一定进展,意大利的社会不平等依然存在。自2008年以来,生活在"绝对贫困"中的人数显著增加,其中32.4%为非意大利公民,7.2%为意大利公民。[原注7]

合作社在雇用残障人士、吸引更广泛的社区参与,以及充当城市共享资源的守护者方面,有着悠久的传统。佩鲁贾是位于罗马和佛罗伦萨之间的一座城市。这里的市民成立了一个社区合作社,目的是为了收购一家停用的"极致后现代主义"(postmodernissimo)电影院。除了将电影院作为一项生意来经营以外,他们还想让因犯罪率上升而荒芜的城区重焕生机。电影院逐渐发展成一个聚会场所和文化中心,成为城市更新的典范。佩鲁贾的居民将电影院称为他们的"城市共享空间"。他们负责管理这里发生的一切。此外，这里还为有婴儿的家庭和哺乳期的母亲设立了专属区域。

工会的批评进一步忽视了合作社在组织那些受剥削的零工劳动者方面做出的重要贡献。英国学者杰米·伍德科克（Jamie Woodcock）和马克·格雷厄姆（Mark Graham）指出："在大多数国家，现有的工会运动缺乏有效的策略来组织零工劳动者。"[原注8]正如一位工会组织者对我说的那样："私营部门工会的覆盖率很低，公共部门的情况也不容乐观。如果工会无法有效解决劳工的困境，这可能并不仅仅是因为有组织的劳工正在衰落，而是因为有组织的劳工需要改变。"[原注9]

21世纪，工会一直在艰难适应去工业化趋势，以及零工经济和服务业经济的兴起。这已经不是什么秘密了。零工劳动者在缺乏监管的环境中工作，而这种环境被定义为一种全新的雇佣形式。伍德科克和格雷厄姆强调，随着零工经济的兴起，工作场所的风险已经从雇主转移到了孤立无援、未加入工会的劳动者身上，他们几乎没有任何谈判能力或法律地位。尽管零工经济在技术层面创造了种种奇迹，但在劳动条件和工作场所保护方面却呈现出历史的倒退。[原注10]

零工经济中的工作具有高强度、低薪酬、不可预测的工作时间、任意解雇和孤立性等特点。与此同时，零工劳动者易受骚扰，同时缺乏正式渠道投诉他们的处境。然而，对于工会来说，组织这些行业的工作可能需要耗费大量资源，而且投资回报率较低。因此，许多发达国家的工会更倾向于将精力集中在大型成熟企业中的传统雇佣关系上。当我询问如何在平台合作社模式下组织送货司机时，一位德国工会官员轻蔑地回答说："那不是工会的职责。"

对面临这种惨淡局面的劳动者而言，工会化的平台合作社提供了一种有效的抗争模式，以对抗现代工作场所的挑战和困难。而意识到这一点的不仅仅是那些无组织的配送员。像加州服务业雇员国际联盟－西部医务工作者工会（SEIU-UHW）这样具有前瞻性的传统工会，已经开始重新引入工会合作社的概念。SEIU-UHW联合了"10万名医护人员、病人和消费者，以确保为所有加州居民提供可负担、易获得的高质量医疗保健服务"。[原注11]

但是，有没有可能出现更具深远影响的事件或者联盟，能够集结劳工和合作社运动的力量和资源呢？我们能否构想出一个零工经济版的1912年劳伦斯纺织业大罢工呢？这场罢工由世界产业工人联合会（Industrial Workers of the World，简称IWW）领导，旨在保护大多数纺织女工的权益。当时，参与罢工的人数超过了2万，这一规模在该行业是前所未有的。与越来越多的劳工活动家一样，我相信像Freelance.com和UpWork这样的平台（在全球总共雇用了4 000万人）使零工工作成为大规模国际劳工组织活动的主要领地。

全球劳动者正在探索通过创新的劳动模式行使权力的新途径。例如，2013年成立的英国独立劳动者工会（Independent Workers' Union of Great Britain，简称IWGB）是一个完全独立的工会，拥有11个分支机构，专门组织伦敦的低薪移民对抗零工经济的雇佣法。除了英国独立劳动者工会以外，还有国际应用程序运输从业者联盟（International Alliance of App-Based Transport Workers，简称 IAATW）。2020 年 1 月，该联盟由来自 16 个国家和六大洲的网约车司机成立，其成员来自优步、来福车、Ola、Grab、滴滴以及其他小型公司。该联盟致力于为网约车从业者争取权利，改善司机的工作条件。[原注 12]联盟通过跨越政治、地域和公司界限的合作，支持司机和其他使用应用程序的运输从业者，在全球范围内促进司机权利和职业尊严。

目前英国、德国、格鲁吉亚、印度、孟加拉、法国、荷兰和意大利正在开展许多有关劳动者结社力量[1]的实验，这些只是其中最引人注目的例子。[原注 13]由于工会普遍认为组织零工劳动者过于困难且不值得投入资源，以至于忽视了他们富有创造性和紧迫感的努力。然而，在零工经济中，这种传统的组织方法已经不再奏效，因为零工劳动者通常是分散的，而且可能无法或者不愿支付工会费。工会需要适应不断变化的环境，找到新的方法来组织和支持零工经济的劳动者。

幸运的是，新兴的技术和组织模式能够实现按行业组织零工劳动者。这些技术和模式在平台合作社中结合起来，就能有效地团结并整合分散在不同地区的劳动力。数字化合作社就是现代版的工厂食堂。

---

[1] 结社力量（associational power）：劳动者通过结社组织（如工会）而获得的集体力量，用于维护自身权益、开展集体谈判等。

AlliedUP

照护行业是未来的行业之一。据世界卫生组织预测，2020年至2050年，80岁及以上的人口数量将增加两倍，这将导致住宅和医院环境中对专业照护人员的需求大幅增加。[原注14]为了满足不断增长的需求，仅美国每年就需要雇佣至少20万名护士。[原注15]

即便如此，照护工作当前的行业现状导致这项工作薪水微薄，常常受到贬低，并且缺少社会资本。更广泛地来看，根据最近的一项调查，美国近30%的医护专业人员正考虑离职。[原注16]关于这一点，新冠疫情功不可没——截至2020年11月中旬，美国有22%的医院出现了人员短缺。然而，疫情并不是唯一的原因。合作社社区能否提供可行的替代方案，取代剥削性零工工作平台和慢性病照护机构，从而解决未来几十年的一个重大社会危机呢？

SEIU-UHW正在全力应对这一危机及相关问题。这家医护工作者工会拥有10万名成员，代表着一线护理人员（如呼吸护理从业者以及膳食、清洁和护理人员）的利益。[原注17]自新冠疫情以来，该工会已经加快步伐，开始尝试一种工会合作社的人员配置模式，旨在解决医护人员高流失率和患者等待时间等护理质量问题。

除了在劳资纠纷和谈判中代表其成员之外，SEIU-UHW还基于这样一个理念协助医护人员创业：人最了解自己的利益和需求。"这是我们工会第一次拥有一个劳动者合作社伙伴……我们必须缓慢而谨慎地行事，这是与其他雇主合作时无法做到的。"SEIU-UHW 的西部研究协调员拉·里奇蒂耶罗（Ra Criscitiello）说道，"工会与合作社签订了一项集体谈判协议，（在某些方面）比工会的任何其他关系都更具合作性。"[原注18]

2016 年 1 月，SEIU-UHW 推出了 NursesCan 项目，以应对一系列组织挑战，包括支持持证职业护士（LVNs）与医院谈判，以及抵制医院不断将护理工作外包给非工会的人员配备机构（这种做法违反了加州会计委员会的规定）。这一实验性项目起初规模较小，22 名加入工会的护士使用一个应用程序来安排上门护理服务。她们在成为员工的同时，也成为了合作社的共同所有者。这个成功的试点项目催生了 NursesCan 平台合作社。目前，洛杉矶的圣约翰儿童与家庭中心诊所利用该平台，提供按需上门的护理服务。除了来自 SEIU-UHW 的协助，该平台合作社还得到了一位专业商业开发人员的帮助。

对于那些不以劳动者为中心的按需派遣机构，当地设想了一个由持证职业护士组成的工会化合作社，作为工会的替代选择。圣约翰诊所的首席医疗官海伦·蒂普莱西（Helen Duplessis）说道：

> NursesCan 平台提供的持证职业护士上门护理服务，扩大了我们向孕妇提供必要服务的可用资源。对那些从健康教育和心理社会支持中受益匪浅的孕妇来说，上门护理服务为她们提供了一种受欢迎的替代方案，因为她们不是每次都有时间回诊所接受所有理想的孕期医疗干预。[原注19]

合作社提供的持证职业护士是上门护理服务的理想选择，因为他们可以以较低的价格提供比医生或注册护士更广泛的护理。此外，他们还可以接受远程监控。据蒂普莱西说，医院和诊所希望更频繁地使用按需聘用人员，并将积极响应工会化的平台合作社模式。[原注20] 合作社还带来了一个意想不到的好处：诊所的爽约率大大下降了。

在加州，SEIU-UHW 现在与 6 000 多名持证职业护士建立了劳动关系。如有需要，还可以在不到两年的时间内培训出更多的持证职业护士。蒂普莱西预计在未来几年内，数千名在合作社工作的工会医护专业人员将为医院和诊所提供数百万次的上门护理服务。另外，合作社模式使工会能够通过联系兼职的非工会劳动者来解决人员配备问题。[原注21]

初次了解这种模式的人可能会感到困惑。即然劳动者也是合作社的所有者，为什么劳动者合作社需要工会呢？难道他们要坐在一个房间里跟自己谈判吗？由于像 NursesCan 这样的工会化合作社并非敌对的雇主，因此 SEIU-UHW 对其采用了一种非常通用且简短的集体谈判协议。此外，当合作社发展壮大时，工会可以帮助监督和保障其扩大的员工队伍的福利。重要的是，SEIU-UHW 的工会规模使其能够为小型合作社提供它们自身无法获得的福利。从工会的角度来看，这也确保了合作社执行行业标准的薪资水平，消除了它们通过价格战与工会化企业竞争的风险。

2021 年 3 月，SEIU-UHW 基于 NursesCan 平台的成功经验，成立了 AlliedUP。这是一家规模更大的人员配备合作社，主要服务于"医疗辅助人员"，即不是护士或医生的其他护理人员。AlliedUP 提供全职、兼职和临时派遣的医疗人员配备服务，并允许员工根据自己的时间安排班次。AlliedUP 专注于服务加州 5 个最大的都市区，这些地区经常出现医疗辅助专业人员短缺的情况。该组织目前有近 50 名员工-所有者，分布在加州各地的医院和诊所，它采用的治理结构最大限度地提高了公司内部的透明度。

其中 5 名员工-所有者是劳动者所有权委员会（Worker Ownership Committee）的成员。该委员会鼓励集体创业精神，增强员工的话语权和影响力。委员会的成员共同制定政策和实践，旨在建立一个强大的、以员工为中心的所有权文化。这些政策和实践得到了国家劳动者合作社专家团队的加强和支持。由于 AlliedUP 的员工分布在全州各地，因此员工-所有者的会议（包括劳动者所有权委员会的会议）都安排在晚上，并使用 Miro 在线白板和视频会议等互动工具。

AlliedUP 的合作社模式与传统的低薪医疗人员配备模式有几个主要区别。在 AlliedUP，持证职业护士的平均时薪为 35 美元，比传统人员配备模式的时薪至少高出 4 美元以上。相较于传统的医疗相关人员配备组织，AlliedUP 现在不仅提供具有竞争力的薪酬，还提供更优渥的福利，比如雇主出资的医疗、牙科和视力保险，带薪休假和教育机会。[原注22] AlliedUP 和 SEIU-UHW 签订的集体谈判协议让其员工有机会获得工会设立的大型教育基金。员工可以通过该基金提供的技能提升、学徒培训和职业晋升阶梯项目，实现薪酬的大幅增长。

例如，雷德伍德城凯撒医疗机构（Kaiser Permanente）的医疗助理黛安娜·奥坎波（Dianne Ocampo）获得了多个教育基金项目的支持，得到了不同形式的继续教育机会，包括在旧金山州立大学和当地一所社区学院的课程学习。奥坎波最终在社区学院获得了护理学副学士学位。她以优异的成绩从这两个项目毕业，并被北加州的新毕业注册护士（New Grad RN）培训项目录取。"合作社用更高的薪酬奖励高等教育。非工会的零工劳动者根本无法享受到这种非凡的福利，因为他们被归类为独立承包商。"奥坎波分享说。[原注23]

AlliedUP 旨在解决零工经济中的另一个问题：如何为那些为多家医院或其他客户工作的劳动者提供福利？

"说到人员配备公司，你唯一能想到的福利就是工作本身。"医疗助理、合作社的所有者维雷尼塞·罗德里格斯（Verenice Rodriguez）解释道，"在 AlliedUP，你可以享有工作的灵活性、医疗福利和 401（k）退休储蓄计划[1]等福利。不必每周工作 40 个小时，还能有资格享受医疗福利，这将对我和家人产生巨大影响。"

AlliedUP 的目标是到 2024 年雇用超过 2 000 名享有福利且薪酬优厚的护理人员。截至本文撰写之时，这一目标似乎正按计划推进。他们已经筹集了大量资金，并与 6 家大型医院和诊所系统签订了合同。对美国整体不完善的医疗体系而言，这看似是一个充满希望的模式。然而，人

---

[1] 401 (k) 退休储蓄计划［401 (k) Plan］是美国于 1981 年创立的一种延后课税的退休金账户计划，美国政府将相关规定明订在国税法第 401 (k) 条例中，故简称为 401 (k) 计划。

们不禁会担心，创造一种兼职的合作社替代方案，是否会以牺牲建立一个更加稳定的全职长期工作体系为代价。

在 AlliedUP 的医护人员中，有色人种女性的占比高达 76%。在一个更加公正的社会里，这些女性将会接受教育并获得报酬，并成为训练有素的护士，拥有全职工作并享有工会权益。在理想情况下，她们会受聘于那些拥有强大传统集体谈判协议的医院。在教育和薪酬方面，优先考虑全职护士和医生，而不是仅关注初入职场的人员，这更为重要。AlliedUP 与两个大型教育基金的合作，为解决这一问题提供了一条可行的途径。该合作旨在将低薪的医护人员晋升到更高薪资的职位，如注册护士。

尽管存在诸多细微差异，工会化的平台合作社模式仍然有望带来一系列积极的变化和好处。该模式能够团结劳动者，让他们共同决策；提供更优厚的福利；提供教育机会，帮助成员获得收入更高的工作；同时还能将患者和当地的持证职业护士相匹配。AlliedUP 目前正在开发一个数字平台，以实现并拓展这一模式的最大潜力。作为一个先驱和成功案例，AlliedUP 是未来几年零工经济领域值得关注的合作社。

劳工骑士团的幽灵

韩国政府通过了《合作社框架法》，并于 2012 年 12 月 1 日开始生效。这项法律允许平台劳动者创建平台合作社，但不得成立工会。这对韩国合作社运动而言是一次重大的胜利。《合作社框架法》建立了一个普适的合作社法，覆盖了劳动者合作社和自由职业者合作社。在此之前，这两类合作社要受到 8 部不同的合作社法监管。《合作社框架法》还为合作社的成立和发展提供了一系列激励措施，如税收减免和获得政府资助的机会等。

12 月 2 日凌晨 4 点，也就是《合作社框架法》生效的第二天，一群运输从业者当场成立了一个名为"代驾司机协会"（Association of Alternate Drivers）的平台合作社。[原注 24] 在韩国，"代驾司机"是指当你喝醉了，无法自己开车回家时，可以替你驾驶汽车的人。在韩国这种公共交通不总是可靠或方便的国家，代驾司机的存在尤为重要。为了迎接这项法律的实施，该协会花了两年的时间组织司机，并利用网吧作为集会地点。如今，协会已经正式成立，可以立刻开始工作了。

在《合作社框架法》通过后，代驾司机合作社的 22 名所有者和 693 名准成员像传统工会一样，向成员宣传他们的权利，并向政策制定者倡导他们的权利。他们成功说服首尔政府为合作社劳动者修建休息设施。截至 2018 年，韩国政府又为这些劳动者额外开设了 4 所设施。在此前被忽视的情况下，这无疑是一项显著的成就。

在大约 6 900 英里之外的纽约市，司机合作社正在聚集那些致力于改善行业现状的计程车司机和送货司机（见第一章）。该合作社的蓬勃发展要归功于它成功改善了司机的薪酬和工作条件，并为新司机提供了培训和支持。而司机合作社的成功则得益于两个主要因素：一是其强大的基层力量；二是稳固的本地劳工组织和传统所展现出的启发性模式。在纽约市，计程车从业者组成了多个工会，这些工会长期致力于倡导他们的权利和改善工作条件。其中，规模最大、最具影响力的当属纽约计程车从业者联盟（New York Taxi Workers Alliance）。该联盟成立于1998年，代表了纽约市25 000名黄色计程车[1]、绿色计程车[2]、黑色轿车[3]、豪华礼车[4]和网约车司机[5]。这个劳动者权益倡导组织和自我认定的工会在为劳动者争取重要福利和保护方面发挥了关键作用。另一个活跃的工会是独立司机工会（Independent Driver Guild，简称IDG），它代表着纽约市65 000多名出租车和网约车司机。该工会为其成员提供了一套流程，以便他们在被平台封禁时提出抗议。[原注25]值得注意的是，优步为独立司机工会提供资金，并有权选择参与申诉小组的司机。相比之下，司机合作社设有"司机同行陪审团"，这是一个平台合作社冲突解决委员会，专门帮助调解司机与合作社之间的纠纷。[原注26]

纽约和韩国的司机协会展示了零工经济如何激发和催生了增强劳动者结社力量的新途径，以及平台如何在这一过程中起到引领作用。然而，尽管支持"工会-合作社混

---

[1] 黄色计程车（Yellow Cab）：这是纽约市最著名的出租车类型，主要在曼哈顿中心区域运营，可以在街上随手招呼。
[2] 绿色计程车（Green Car）：也称为"Boro Taxis"，主要服务于曼哈顿以外的四个区（布鲁克林、皇后区、布朗克斯和斯塔滕岛）以及曼哈顿上城区的一些地区，这些区域通常黄色出租车较少服务。
[3] 黑色轿车（Black Car）：这些通常是豪华车辆，主要通过预约服务，不在街头随意招呼。它们常常服务于商务人士和需要高级车辆服务的客户。
[4] 豪华礼车（Livery）：这些车辆同样主要提供预约服务，通常价格比黑车更亲民，服务于各种普通的预约客户。
[5] 网约车司机（For-hire car driver）：通常指的是提供有偿载客服务的司机，包括出租车司机和网约车司机。

合模式"的技术是新的，其基本理念却并不新颖。在美国内战后的几十年间，合作社商店和工厂蓬勃发展。而在这一繁荣的核心是一个名为劳工骑士团的美国劳工联盟。19世纪80年代，劳工骑士团达到鼎盛时期，拥有约100万成员，主要分布在美国和加拿大，少部分在澳大利亚和英国。[原注27] 根据合作社学者约翰·科尔（John Curl）的杰作《为了所有人：揭开美国合作社、合作社运动和社群主义的隐藏历史》（*For All the People: Uncovering the Hidden History of Cooperation, Cooperative Movements, and Communalism in America*）所述，劳工骑士团庞大的成员总数使其成为当时最大的劳工组织。[原注28] 在美国，劳工骑士团支持小农户、劳工和美国深南部[1]农村地区的非裔美国人，黑人成员在那里建立了合作社村庄。

不同于美国劳工联合会，劳工骑士团是一个向所有劳动者开放的多元化工会。他们认为所有靠工资生活的人都属于同一个阶级。劳工骑士团游说政客、组织罢工、支持其他激进的社会运动，并成立了数百个合作社。这些合作社兼任地方议会，拥有较大的自主权，并且在一定程度上独立于工会领导。他们认为"合作主义"对确保劳动者的平等权利、自由和追求幸福至关重要。他们认为这种制度使劳动者能够掌控自己的命运，改善经济状况。他们的目标是通过建立合作社机构，最终取代工资制度。

工会成员还组建了合作社，以便在劳资纠纷、罢工失

---

[1] 美国深南部（Deep South，也译作美国南方腹地）：通常指美国南部地区的深处，如佐治亚州、亚拉巴马州、密西西比州等地区。

败、停工或被列入黑名单时寻找工作。1880年，劳工骑士团大会收取的工会费中有60%被指定用于合作社的发展。许多劳动者近乎虔诚地相信，合作社有望将工人阶级从工资奴役和就业不稳定中解放出来。

在劳工骑士团的巅峰时期，明尼阿波利斯成为了合作社活动的中心，拥有大约35家合作社企业，其中包括制桶厂、印刷厂、衬衫厂和雪茄厂。这些企业的成功依赖于一个相互支持的组织网络，该网络在宣传、筹资、组织、招聘和日常鼓励方面提供了大量帮助。在芝加哥，劳工骑士团的女性成员成立了20家合作社制衣厂。这些工厂的收入由成员平分，而且成员每天的工作时间不超过8小时。

20世纪40年代之前，工业化国家的工会运动将员工所有权视为重中之重，有时甚至比工资和工作条件更为重要。然而，在"战后共识"期间，所有权的概念被逐渐淡化了。工会选择专注于现有体系内的集体谈判，而不是解决复杂的所有权问题。这实属遗憾，因为合作社所有权和集体谈判其实是高度兼容的。

尽管在决策机构中的参与有限，劳工骑士团还是在多个方面体现了进步的价值观，包括提前预见到8小时工作制并为其立法铺平道路，争取建立公共事业和同工同酬。19世纪末期，《纽约论坛报》颇具影响力的出版人霍勒斯·格里利（Horace Greeley）是美国劳工运动的重要声音，他支持的劳工骑士团最终成为了美国最强大的工会之一。

格里利活跃于"镀金时代"之前的几十年，这个时期以财富过度积累和贪婪著称，并提倡自由放任政策。这一政策理念认为，政府对社会和市场的干预只会导致腐败和低效。这种思想影响了内战后政府关于劳资关系和重建时期的政策。例如，自由放任政策的支持者反对政府采取措施来规范劳动条件或援助前奴隶。尽管格里利反对政府干预劳资关系，但他还是利用自己的报纸支持劳工骑士团及其事业，为该组织的成功及其对劳动者权益改革的影响做出了贡献。

维克托·德吕里（Victor Drury）是一位生活在匹兹堡的法国移民和劳工活动家。他相信，合作社商店可以通过略高于成本的价格销售产品来赋权给劳动者，并创建一个更加公正的社会。德吕里认为，如果产品的需求量足够大，那么合作社商店开始自行生产这些产品是合理的。他在《劳工运动的政体》（*The Polity of the Labor Movement*）一书中写道，如果他们卖出了足够多的面包和酥皮馅饼，就应该开一家面包店，并请求工会提供熟练工人来指导这些生产中心。[原注29]当劳工骑士团的成员通过创建生产和就业中心，推动了合作社共同体的发展时，这一革命性的梦想变成了现实。19世纪晚期，劳工骑士团董事会的一名成员意识到，合作社组织在市场经济中孤立无援，这在很大程度上阻碍了它们达成目标。因此，工会必须建立一个自我维持的合作宇宙——一个由自给自足、自我治理和自我雇佣的合作社社区组成的网络。1883年，在劳工骑士团全国领导层的支持下，8名煤矿工人租赁了40英亩土地建立自己的矿井。这是构建一个全面的合作社共同体所需的众多环节之一。在矿井装备完毕，并铺设了连接到附近主干线的铁路轨道后，该矿井发展成为劳工骑士团第一个活跃的生产合作社。

唯一的问题是,将劳工骑士团的这一尝试与更广泛的资本主义经济联系起来需要合作,而这种合作却迟迟未能实现。为了将煤炭运往市场,劳工骑士团的矿井需要将其铁轨与区域铁路系统相连,然而他们的请求却遭到了当地铁路公司的拒绝。劳工骑士团原本希望这座矿井能成为全国合作社共同体的基石,但由于无法筹集到购买调车机车所需的4 000美元,他们被迫出售了矿井。

下一个重大打击发生在1886年。当时,芝加哥海马克特广场的一场政治集会上发生了炸弹爆炸事件,造成数名警察和平民死亡。劳工骑士团被指责为此次爆炸事件的罪魁祸首,其联盟的成员数量也因此骤减。铁路公司、批发商和银行纷纷对骑士团发起抵制,致使许多与其相关的合作社被迫关闭。在这个时候,劳工骑士团的许多成员加入了像世界产业工人联合会(Industrial Workers of the World)这样的秘密组织,以继续坚持争取劳工权利,并推动下一代合作社运动的崛起。

在他们的努力下,今天的劳动者享有更高的工资、更优厚的福利以及更好的工作条件。1893年,劳工骑士团秘书戴维斯·汉森·韦特(Davis Hanson Waite)当选科罗拉多州州长。他和其他美国农民一起成立了农民人民党。当年年底前,科罗拉多州成为第二个赋予女性选举权的州。[原注30]

在其短暂的鼎盛时期,劳工骑士团拓宽了美国作为机遇之地的观念。他们不仅要求给予家庭农场主尊严和自主权,还为那些在矿山和工厂争取工作场所民主的所有劳动者主张尊严和自主权。这些矿场和工厂是新工业时代的生命线。"劳工骑士团不仅将工作场所问题和劳工权利与地方、州和联邦政策联系起来,还积极参与政治、互助和经济发展。"美国学者杰西卡·戈登·内姆哈德解释道。她强调了该联盟持久的影响力以及劳工权利斗争与更广泛的经济权利追求之间的相互影响。[原注31]

同样,平台合作社也能全面改革工会-合作社模式,以适应数字时代。让我们来看看被归类为独立承包商的劳动者的案例。2013年,缅因州的一群龙虾渔民成立了缅因州龙虾渔民工会,俗称"IAM龙虾207分会"(IAM Lobster 207)[1]。那一年,当季龙虾价格跌至20年来的最低点——每磅1.80美元,那些在缅因州被归类为独立承包商的渔民因此陷入了严重的财务困境。由于无法联合其销售能力来协商一个更好的价格,他们只得被迫接受批发商设定的码头价格。这些买家通常代表负责供应全球海鲜的大型跨国公司,但龙虾渔民决定为争取更高的捕捞价格而抗争。缅因州龙虾协会作为该州的行业协会,同时服务于存在利益冲突的两个群体:追求低价购买的买家和批发商,以及需要维持生计的龙虾渔民。当龙虾渔民威胁要停止捕捞,直到获得公平的销售价格时,州政府则以提起反垄断诉讼相威胁。可见,实现经济正义并无坦途。

2013年初,韦纳尔黑文的几名龙虾渔民决定向机械

---

[1] "IAM Lobster 207"这个名称的由来是因为该工会是国际机械师和航空航天工人联合会(International Association of Machinists and Aerospace Workers,简称IAM)的地方分会,具体是第207号地方分会。

师工会（Machinist Union）寻求帮助。工会成员应他们的请求，开始组织龙虾渔民，还举办聚会让他们分享经验并了解工会代表制度。到了 2 月，99 位龙虾渔民签署了授权卡[1]，成为机械师工会会员。同年春天，工会邀请了一群龙虾渔民前往马里兰州的威廉·W. 温皮辛格教育技术中心参加教育培训活动。这趟旅程成功地促进了新组织的龙虾渔民和机械师工会之间的合作和集体主义精神，还帮助渔民们制定了动员和利用经济力量的战略。这些龙虾渔民回到缅因州后，于 2013 年底作为新成立的龙虾 207 分会（Lobster 207）的成员加入了机械师工会。

龙虾 207 分会成员和机械师工会继续合作。他们的研究人员探索了通过组建合作社的方式规避反垄断法，并允许龙虾渔民作为独立承包商整合销售能力的可能性。为此，龙虾 207 分会的成员创建了一个覆盖全州范围的龙虾营销合作社，工会的龙虾渔民共享缅因州龙虾工会合作社的利润。这有助于在龙虾价格持续低迷时，为龙虾渔民及其社区的经济稳定提供支撑。与此同时，工会参与了旨在保护龙虾、龙虾栖息地和缅因州海岸生态系统的环保活动。[原注32]

龙虾 207 分会展示了通过合作社来组织独立承包商的独特方式。这种方式充分利用了结社的力量，是"工会-合作社"创新模式的典范。该模式可以根据平台合作社不

---

[1] 授权卡（Authorization Card，简称 A-cards）是美国工会组织中使用的一种表格或卡片。工人签署授权卡以表明他们选择某个工会作为他们的代表，从而授权该工会代表他们与雇主进行谈判。这是工会组织过程中的一个常见步骤，用于证明工人对成为工会会员的意愿和支持。

断发展的生态系统进行调整。

龙虾207分会的合作社模式所取得的成就及其与机械师协会的合作,为创建结社力量的创新模式提供了深刻的启示。这种模式能够应对传统自由职业或独立承包工作中固有的法律挑战。探索数据合作社、数据工会和其他集体形式,有助于建立可持续的经济组织,并为新经济领域的劳动者提供支持。尽管在这个语境下,"工会"一词可能并不完全准确,因为这些组织形式并不必然涉及传统的劳动组织或集体谈判,但它们仍然有潜力在数据经济中成为一股强大的力量,推动数据治理并促进更公平的薪酬分配。通过共享数据和集体谈判,这些组织可以实现更公平的数据安排,就像龙虾207分会的成员作为独立承包商联合其销售能力一样。[原注33]

根据法学教授埃里克·波斯纳(Eric Posner)和微软研究员格伦·韦尔(Glen Weyl)的观点,"数据工会"通过承诺为数据支付更高的报酬来吸引会员(即数据劳工),并且能够与脸书或谷歌谈判,威胁发起"罢工"(这实际上也是一种抵制,因为数据劳工同时也是这些平台的消费者)。[原注34]这种将停工与消费者抵制相结合的能力,不仅使数据工会与传统工会区别开来,而且可以用于提升全球公众对数据生产的认识。其实,"数据"这一概念,源自拉丁语单词datum,意为"给予的东西",在世界各地有着不同理解和解释。对于许多忙于维持日常生计的人来说,数据收集并非当务之急。因此,数据工会必须在数据民主与全球劳工运动每日的柴米油盐之间,建立直接的联系。

事实上，数据合作社与工会之间的有效合作已有诸多实例。例如，丹麦的 IT 工会 PROSA，代表了超过 16 000 名专业人士。该工会与欧洲数据合作社组织波利波利合作，旨在解决 PROSA 不愿在自己的服务器上托管敏感数据（如薪资信息）的问题。波利波利合作社提供的数据钱包解决方案，允许 PROSA 的成员在自己的设备上安全地储存敏感数据，同时确保员工隐私得到保护。

尽管合作社致力于推动数据民主化，但是在最近一些传统的组织、抵制和重获权利的案例中，合作社也展示出颇为光明的前景。其中最具影响力的例子莫过于芝加哥南区的一家工人自营窗户公司。芝加哥长期以来一直是美国劳工组织创新的中心。

我前面提到，19 世纪晚期，劳工骑士团在芝加哥建立了一个由女性经营的纺织合作社网络。大约 130 年后，在同一个城市，历史再次重演——新纪元之窗合作社（the New Era Windows Cooperative）成立了。如今，该合作社由美国电气工人联合会[1]代表。

新纪元之窗的故事始于 2008 年。当时，总部位于芝加哥的共和国之窗公司（Republic Windows）因全球金融危机遭受重创，宣布破产，并首次关闭了在该市南区经营

---

[1] 美国电气工人联合会（United Electrical Workers Union）：全称是 United Electrical, Radio and Machine Workers of America，简称 UE，通常被称为"美国联合电气、无线电和机器工人工会"。这个工会起源于电气制造和无线电装配工厂的自治地方工会和激进工人委员会的联盟。它代表了各种行业的工人，包括但不限于电气、无线电、机器制造和其他相关领域。该工会致力于维护其成员的工作条件、工资和福利，并为他们提供集体谈判和法律支持等服务。

了43年的工厂。随着共和国之窗公司的关闭，数百名工人面临失业。在这种紧急情况下，工人们决定联合起来买下这家工厂。地方工会1110分会的成员为维持工厂运营所做出的努力，为工会提供了一个宝贵的案例研究，有助于工会制定支持员工领导的合作社发展策略。在工会采取的强有力的工作场所占领策略中，这一点表现得尤为明显。该策略为工会赢得了优先购买权——在公司出售给其他人之前，员工有优先购买公司的权利。在整个谈判过程中，工会领导层通过有策略地动员成员发挥了最大影响力，展示了工会的力量如何锻造出实现合作愿景和建立合作社机构所需的"钢铁"。

我们从美国电气工人联合会的案例中也可以看到这一点。20世纪80年代，该联合会对合作社采取了著名的敌对立场，认为水平组织的合作社模式[1]不适合工会的层级化结构体系。然而，当2008年金融危机爆发时，工会开始将合作社视为一种新的策略，用以扭转会员数量的下降趋势并保住工作岗位。在新纪元之窗实现有效转型后，美国电气工人联合会又将其他工作场所转变为合作社。工作世界（Work World）是一个非营利性组织，致力于为国内外的劳动者合作社提供资金支持和技术援助。其创始人兼总裁布伦丹·马丁认为，如果工会不局限于传统的谈判单位，而是转而将重点放在提高劳动者福祉的广泛使命

---

[1] 水平组织的合作社模式（horizontally organized cooperatives）指的是一种工作组织形式，其中所有成员在决策过程中享有平等的权利，没有传统的上下级关系，成员们共同参与管理和决策。这种模式强调平等和民主，与传统的、有明确等级制度的工会结构形成对比。

上，就能与合作社建立富有成效的关系。工会与合作社的合作伙伴关系正逐渐受到广泛认可和支持。这一点在多个著名的劳工组织活动中也有所体现。

在美国，工会与合作社建立合作关系正逐渐成为一种普遍的观念。美国劳工联合会－产业工会联合会（ADL-CIO，简称劳联－产联）和服务员雇员国际联盟（SEIU）正式推动工会合作社的发展。瑞典一家名为Unionen的工会致力于规范线上业务的合同，并协助工会和新兴的平台合作社制定新的劳资协议和标准化的规章制度。事实上，这些发展动态不仅出现在高收入国家，还普遍出现在全球各地。

自雇妇女协会：工会和合作社联盟的混合模式

印度自雇妇女协会作为典范，展现了工会化合作社如何实现传统工会或合作社单独无法达成的目标。在印度，非正规部门约占经济总量的94%。自雇妇女协会社会保障部主任米拉伊·查特吉告诉我，"在应对非正规工作时，仅靠工会方式无法取得任何进展。"而自雇妇女协会的工会化合作社展现出了足够的灵活性，能够满足非正规劳动者的需求。查特吉相信这种模式也能应对零工经济的挑战。

自雇妇女协会的案例展示了工会合作社如何扩大规模，以提供通常由传统工会提供的社会福利设施。自雇妇女协会不仅是一个覆盖了150万非正规女性劳动者的全国性工会，还是一个由拥有30万女性成员的106个合作社

组成的联盟。[原注35]

查特吉认为，正如美国一样，在印度，合作社为劳工运动提供了帮助劳动者和扩大会员规模的新途径。"工会可以帮助创建集体企业，（为人们）提供生计。"她说道。自雇妇女协会的经验表明，工会和合作社联合起来比单独行动更强大。查特吉举了一个烟草（比迪烟[1]）工人组织的例子。那些工人担心失去工作，不敢加入工会。自雇妇女协会的工会通过合作社向烟草工人提供托儿服务，这不仅立刻赢得了他们的信任，还给他们带来了安全感。

这正是共生关系的具体体现：合作社提供社会服务吸引新的工会成员加入，而这些新成员的加入反过来又增强了工会争取有利于劳动者政策的力量，从而进一步促进合作社的增长与繁荣。此外，合作社还可以通过为特定行业和领域提供专业培训，以及在各行业内设定标准，来支持工会的发展。

查特吉告诉我，在思考工会和合作社的角色时，许多人仍采用一种过时且适得其反的二元对立观点。"历史上，人们常将工会与斗争联系在一起，将合作社与发展联系在一起。"她说道，"但事实并非总是如此。"她继续说道：

> 工会和合作社能够相互加强。工会通过组织和建

---

[1] 比迪烟（bidi）是一种印度传统的手工卷烟。比迪烟使用切碎的烟草叶子，手工卷在一种叫做 tendu 或 temburni 的叶子里，然后用线绑住。比迪烟在印度和南亚地区非常流行，通常比现代卷烟便宜且更容易获得。

立团结来促进合作社的发展，从而保障其自身的生存。合作社则通过为尚未加入自雇妇女协会的非正规劳动者提供生计和服务来吸纳新成员。在印度的一些地区，必须采用基于合作社原则的不同集体形式，（因为）合作社不是一个简单的选择。（在这种情况下，）工会可以通过免除税收和制定扶持政策来帮助推动合作社的发展。工会还能为劳动者的产品和服务提供大型市场。[原注36]

尽管如此，查特吉承认，工会和合作社之间始终存在某种程度上的潜在紧张关系。"如果合作社的服务不足或不可用，"她告诉我，"工会组织者（可能）会焦虑不安，并声称这种情况影响了他们招募成员，因为成员对此感到不满。例如，当10%的人寿保险申请被拒绝时，会员（有时）会感到不满。"

但总的来说，协同作用大于冲突。查特吉说，当一个合作社率先在某个特定行业里组织并注册时，工会便能介入并运用其影响力确保合作社为其成员提供稳定的生计。一旦合作社在该行业稳固建立，工会便能为其提供更广泛的成员支持。这反过来有助于建立劳动者信托，并提供通常只有大型组织才能提供的社会福利。此外，查特吉还指出，许多自雇妇女协会成员依据自己的政治倾向，更认同工会而非合作社联盟。

自雇妇女协会以其持续探索新型组织形式而闻名。例如，自雇妇女协会并不执着于组建合作社的策略。在印度的许多地区，合作社非常不受欢迎，因为它们常常和腐败、精英俘获[1]和政治俘获[2]挂钩。查特吉告诉我："我们对基于合作社原则的新组织方式很感兴趣。"自雇妇女协会致力于为工薪阶层构建以互助、团结、所有权和民主治理为基础的社区型组织。

为此，相较于在意识形态上推崇一种劳工组织形式而排斥另一种，自雇妇女协会更注重为劳动者实现积极的结果。"当我们响应女性的需求，向主流银行寻求帮助时，银行却不愿为贫困女性提供服务。"查特吉回忆说，"因此，我们不得不创办我们自己的银行。我们选择了合作社的形式来建立 SEWA 银行，因为这种形式与工会非常契合。SEWA 银行本身也是一个民主的劳动者组织，由选举产生的劳工委员会运营。"

自雇妇女协会采用了工会－合作社混合模式，而这种模式并不完全符合传统的合作社或工会的分类。这使得自雇妇女协会充分利用了两种模式的优势和长处，成为一个引人注目的创新型商业模式，是一种汲取了双方精华的融合。自雇妇女协会"在工会运动中和合作社运动中，都是离水之鱼"。查特吉说道。但总体来看，这是一种积极的现象。日益加剧的收入不平等造成了"对生计和社会保障的迫切需求，[与此同时]工会与合作社组织

---

[1] 精英俘获（elite capture）是发展社会学中的一个概念，意指在发展中国家的发展项目或反贫困项目实施过程中，地方精英凭借其自身具有的参与经济发展、社会改造和政治实践的机会优势，支配和破坏社区发展计划和社区治理，扭曲和绑架了发展项目的实施目标进而影响了社区发展项目的实施和效果。

[2] 政治俘获（political capture）则是指私人利益集团，尤其是公司或财团，对政府政策制定过程的控制或影响，使得政策偏向于这些集团的利益，而不是服务于公众利益或整个社会的利益。

间的合作变得至关重要。"她说道,"工会与合作社之间需要加强对话。国际劳工组织和开放社会基金会等组织正在促进这些对话。"[原注37]在美国,服务业雇员国际联盟、罗格斯大学的管理与劳动关系学院以及倡导工作场所民主的 1worker1vote 等组织都能有效促进合作社与工会之间的对话。

自雇妇女协会的工会和合作社之所以能良好合作,最根本的原因是这两者共同致力于自雇妇女协会所倡导的甘地主义使命。这一使命不仅要挑战不公正,还要构建替代性的制度与价值观——践行甘地所说的"rachnaatmak kaam",即"建设性工作"。

数字时代的结社力量

如何将甘地的"建设性工作"双模式(即工会-合作社模式)引入数字经济呢?在 2017 年纽约市新学院举办的平台合作社会议开幕致辞中,约瑟夫·布拉西(Joseph Blasi)教授描述了他对合作社运动的未来愿景。"如果我闭上眼睛,梦见一个完美的未来,"他说道,"我看到的是工会化的劳动者合作社。"[原注38]布拉西教授是美国员工所有权领域的权威专家。如果他说工会化的劳动者合作社是通向理想未来的关键,那么这方面便值得我们关注。

布拉西的梦想是有望实现的。工会在组织数字经济方面一直步履艰难,致使 Upwork 和 Freelance 等主要市场上的零工劳动者处于弱势。然而,我们或许可以在工会-合作社模式下的数字劳工市场中找到解决方案。该市场优先考虑劳动者和客户的公平待遇及安全。在荷兰等工会高度发达的国家，这样的市场可能会成为最大的在线劳动力市场。工会是否会迎接挑战，与自己的历史根源重新建立联系，并积极参与合作管理的数字劳动力市场的发展？

在劳工运动欠发达的国家，其他行业里像这样的例子也比比皆是。在乌干达，坎帕拉大都会摩的企业家合作社（the Kampala Metropolitan Boda Boda Entrepreneurs Cooperative）和机场出租车司机合作社（Airport Taxi Drivers' Cooperative）与联合运输及普通劳动者工会（Amalgamated Transport and General Workers' Union）合作，开发了自己的应用程序。这一工会化的平台合作社致力于与优步竞争，提升工资待遇和工作条件，同时争取其他社会政治诉求。[原注39]另一个例子是英国的卡迪夫计程车合作社（Drive, Cardiff Taxi Co-operative）。虽然它尚未成为正式的平台合作社，但它是英国GMB工会（GMB union）在讨论如何应对零工经济及确保体面的收入后，于2019年创建的。[原注40]

在工会化合作社的背景下，数字平台发挥着多重作用。数字平台不仅帮助成员了解并保护其劳工权利，还利用Loomio和Liquid Democracy等治理平台来组织活动和投票。此外，通过收集数据，这些平台增强了成员自主权，并有效地游说了政策制定者。它们使分散的劳动者能够就各种问题展开讨论和投票，让他们在工作方式上拥有更大的话语权。

不难想象，这些数字平台甚至能惠及生活在偏远乡村地区的人们。以印度的阿迪瓦希族人为例，他们居住在交通不便的偏远山区。通过这些平台，他们可以获得教育资源。这是一项传统的工会服务，有助于提高识字率。同时，那些加入了自雇妇女协会的阿迪瓦希族女性能够帮助工会向这些地区提供包括金融和政治在内的各种服务。

尽管工会和合作社都基于集体行动原则，它们目前却带来了不同的资源。工会提供了实体基础设施（如会议室）、市场调研、游说能力，并通过信用合作社提供种子资本。而平台合作社则提供了新颖的方式来组织自雇的零工劳动者，并克服反工会的法律障碍。

2018年，圣保罗举办的全球劳工大会强调了建立合作伙伴关系的需求。国际运输工人联合会（International Transport Workers' Federation）的代表在讲坛上慷慨激昂地呼吁，将员工所有权作为工会主义新愿景的基石。这一提议赢得了数千名代表的热烈掌声，他们急切希望结束自20世纪80年代以来持续困扰全球工会运动的迷茫和漂泊状态。他们认识到，战后社会合作机制的瓦解，要求无论是富国还是穷国的工人运动都需要新的模式。越来越多的人也开始认同这样一个观点：这些新模式的成败不应仅凭传统工会的组织工具和策略来评判。我们需要挖掘最初的"互助会"、工会和合作社的共同根源，并理解它们在19世纪工业资本主义中的共同起源如何指向21世纪数字经济中的协同命运。

第六章　即将到来的数据民主

为了了解在平台合作社设想的经济民主中，数据所发挥的作用，我们来到了墨西哥太平洋沿岸的偏远海滩——基诺湾。我们到达的时候正是黎明时分。在第一缕曙光下，我们看到男人们带着小型玻璃纤维船、渔网、鱼竿和桶，准备从事一项早在现代技术出现之前就已存在数千年的职业。

我们的主人公，姑且称他为罗德里戈，是一个虚构的但极具代表性的渔夫。他今年 50 岁，从父亲那里继承了一家小型捕鱼企业。他不喜欢手机和社交媒体，却有志要扩大业务规模，并开始认识到技术和创新的重要性。与许多竞争对手不同，罗德里戈出身于渔民世家，深知为下一代保护海洋资源的重要性。这也是他用鱼线而不是渔网捕鱼的原因。

墨西哥的渔业合作社运动蓬勃发展——截至本书撰写时，已有 10 217 名渔民参与其中。这将有助于罗德里戈扩大他的业务规模，同时将他的可持续捕鱼方法推广至基诺湾的单船企业中。[原注 1] 目前，一个渔业平台合作社正在建设之中，它将众多规模较小的渔民合作社与一个更大的数据合作社相连接。后者作为一个联盟，负责协调有选择性的数据共享。例如，该平台合作社不仅使渔民能够利用数据追踪所有渔船的月渔获量，还向公众公布日渔获量。本着点对点信息共享的精神，渔民甚至可以发布他们已经克服的问题的"解决方案"：如何修理渔具、如何开发社区禁渔区，以及如何适应气候变化和不断变化的海洋生态系统。

女性同样为渔业系统做出了贡献。让我们想象一下罗德里戈的妻子玛丽亚和他们怀孕的女儿在家族企业工作的情景。玛丽亚可以在岸边和家里的小办公室里分析渔业表现数据：渔业是否健康？某个种类的鱼有多少？如果当地人停止在某个特定区域捕鱼以促进生态恢复，会怎么样？假以时日，她和女儿就能收集并分析所需的信息，以保护对社区经济至关重要的渔业。

但是，在开始这一过程时，玛丽亚心中不免有所戒备，这是可以理解的。过去，许多研究人员（来自大型渔业公司、私营公司和政府）都曾承诺要"赋权"给当地渔民，最后却带着从渔民那里收集到的信息消失了。实质上，法律要求像罗德里戈这样的渔民必须收集数据，否则他们将面临失去捕鱼许可证的风险。然而，他们却并没有从这些数据收集中获益。在合作社数字经济中，与平台合作社相连的数据合作社能够产生实现盈利所需的网络效应，从而确保当地人可以直接从他们的数据中获益。稍后，我将详细介绍数据分析以及聚合数据如何帮助这些劳动者。

正如拉丁美洲各地的渔业一样，墨西哥的1万多家小型捕鱼企业也遭受了新冠疫情的重创。由于缺乏足够的医疗保障，这些小企业（平均每家雇用3到4名渔民）在巨大的经济压力下勉强维持运营。全球经济停滞使得他们难以支付船只和住房的抵押贷款。[原注2]然而，由于气候变化和使用工业级拖网过度捕捞，鱼类资源急剧减少，从而进一步加剧了这些压力。疫情突显了创新的必要性。只有创新，该行业才能为后代实现可持续性发展。向数字化转型的优势在于可以利用技术增加收入，同时保护渔业资源。许多渔民已经充分认识到了这一点。

数据合作社被构想为平台合作社的一个子类别，它可以在提供服务的同时，促进个体间的连接。一种设想是，通过创建数据合作社来管理平台合作社的利益相关者数据，并借助数据池[1]或数据信托为其成员创造价值。数据合作社可以作为控制面板，让成员能够管理和引导数据的收集与使用。这是由成员共同拥有和控制的数字合作社，成员在数据的使用和管理上有共同利益，他们通过一个由软件操作（或运行）的去中心化协议来进行自我管理。合作社可以将其数据用于多种目的，如开展研究、向成员提供服务，或通过销售数据产品或服务来创收。

让我们先暂时回到基诺湾。以 PescaData 为例，这是一个由社区与生物多样性组织（Comunidad y Biodi-

---

[1] 数据池（data pool）是一个存储大量数据的集合，这些数据可以来自不同的来源，并且具有不同的格式和结构。数据池的主要目的是集中管理和共享数据，以便进行分析、处理和分发。数据池在企业数据管理、大数据分析、人工智能和机器学习等领域有着广泛的应用。通过数据池，组织可以更有效地利用其数据资源，提高决策质量和运营效率。

versidad，简称 COBI）开发的数据和平台合作社。截至 2021 年底，PescaData 已被来自 12 个拉丁美洲和加勒比国家的 1 000 多名用户使用，它还维护着一个包含 6 040 艘船只和 5 614 个合作社的目录。[原注3] 多年来，墨西哥联邦政府一直要求渔民记录他们每日的渔获量。然而，在 PescaData 推出双语应用程序之前（该应用可免费下载和使用），渔民一直无法控制这些数据的使用方式。据 COBI 的斯图尔特·富尔顿（Stuart Fulton）所述，渔民们意识到，他们需要"更快地适应气候变化和经济变化"，而实现这一目标的其中一步"就是将数据掌握在自己手中"，以便自行管理。[原注4]

PescaData 的应用程序通过追踪每次出海捕鱼的时间、目标物种、捕捞量和重量、费用、产品定价、个人和集体收入、天气状况以及捕捞地点等，来帮助渔民自己管理数据。此外，该应用还促使渔民重新思考这些数据采集对他们来说意味着什么。一些渔民甚至开始尝试利用区块链技术，这对资助机构而言极具吸引力。尽管区块链技术常常与加密货币以及几起高调的诈骗案联系在一起，但资助机构仍然看重其合法的潜力。

加利福尼亚湾的一位渔民表示，该应用程序使渔民能够"选择想要共享的数据以及与谁共享。而不是简单地说'哦，好吧，我要把我合作社的所有数据都提供出去'。你可以选择你想要提供哪些数据"。[原注5]

该应用不仅将渔民彼此连接起来，也让渔民和渔业组织建立了联系，同时还帮助渔民向私营企业和研究人员推广他们的产品、服务和见解——如果他们愿意，也可以直接出售数据。重要的是，COBI 认识到，人类基础设施[1]必须与数字基础设施并存。"渔民们原本有机会团结起来共同发声，可惜错过了。"一位来自加利福尼亚半岛的渔民说道。[原注6]

通过这款应用程序，渔业企业可以更有效地集体组织起来，并在影响行业的数据驱动政策方面，加强对地方政府的影响力。越来越多的国内外参与者意识到，PescaData 具备在地理位置分散的社区之间促进集体问题解决和行业组织的能力。在墨西哥地方政府和联邦政府的支持下，COBI 正在与斯坦福大学合作，记录小型渔业如何适应变化。COBI 的变革推动者伊内斯·洛佩斯（Ines Lopez）指出："必须确保从产生的利益中获得公平的回报。"[原注7]

通过提升渔业数据的质量和准确性，该应用鼓励渔民采取与农业合作社类似的风险-效益缓解策略。陆地和海洋之间有一个共鸣，那就是种植者信息服务合作社（Grower's Information Services Cooperative，简称 GISC）。这是一个种植者数据合作社，通过汇集匿名数据来交叉核查天气预报，帮助农民做出商业决策和开展市场营销。[原注8]由于渔民产生的数据有限，仅仅依靠数据变现可能无法为 PescaData 带来显著的收益。但是，通过其他尚未探索的途径，这些数据仍然可以改善渔民的生活。COBI 与健康数据合作社 Shyro 之间也存在相似之处。[原注9]此外，其他如驾驶员之座（Driver's Seat）、协作指标

---

[1] 人类基础设施（human infrastructure）：指为人类社会提供服务的各种设施和机构，如医疗保健、教育、社会保障、文化娱乐等。

技术社（CoMetrics）以及类似劳动者合作社的道格科技（dOrg.tech）等合作社组织，也展现出类似的共同点。[原注 10]它们每一个都让我们窥见了一个更加公正、公平和民主的未来数据经济。

从重塑墨西哥小型渔业到构建一个更加去中心化的互联网，数据合作社提供了一种适用于所有经济活动的商业模式。事实上，越来越多的法律学者、社会科学家和技术专家开始达成共识，认为合作社模式为数据治理提供了可行的解决方案。合作社模式将以尊重个体和社区的意愿及尊严的方式，终结当前极端的数据提取行为（经济学家目前认为这是可接受的"金融化"）。个人和社区应该对自己的数据享有主权。

这场辩论提出了一些关键问题：如何将数据从私人利益中解放出来，并重新构建，使其创建者能够访问、控制并重新使用该数据，从而惠及社区和个人？谁应该持有数据库的钥匙？数字基础设施支持谁的利益？数字平台应该收集哪种数据？如何分析和出售这些数据？知情同意的新界限将如何划定？谁将负责划定这些界限？

这些问题代表了争议的核心。如果我们不开始认真探讨关于数据化和知情同意的问题，那我们的行动能力和自主性就会因少数公司的主导地位而进一步受到侵蚀。幸运的是，有许多指导原则可以塑造和推动这场讨论和辩论，其中一些是富有启发性的新原则，另一些已经在雄心勃勃地广泛应用中。

探索新生的数据合作社世界

为了捕捉治理革命的时代思潮，涌现出了各种流行语：数据管理、自下而上的数据尊严、数据所有权、数据利他主义、数据信托、数据联盟、数据协作实验室、数据工会、数据主权和用户尊严等等。这些词语表达了将数据权下放给民众这一计划的各个方面，一些研究人员因而将数据合作社比作早期的民主化权力形式，如信托和工会。然而，很多时候人们甚至不清楚所谓的"数据"究竟指的是什么——医疗数据、社交媒体数据、基因数据、财务数据、搜索数据、位置信息数据？讨论的仅仅是个人数据，还是也包括商业和公共数据？其中，"数据信托"这一术语引起了广泛关注。

学者和活动家将数据信托定义为一种受托责任信托，这类信托主要用于管理和维护公共土地、养老基金等共享资源——如今，数据也日益成为被管理的对象。数据信托作为团结经济武器库中的一种宝贵工具，能够充当管理和保护个人数据的法律框架。受托人负有信托责任，代表相关个人就数据使用做出决策，确保其利益得到保护和维护。广义上的信托已有近千年的历史，可以追溯到诺曼底人入侵英格兰时期。自那时起，信托就一直用于管理资源。数据信托像委托书一样具有灵活性，其影响力实际上已遍及全球。这意味着数据信托可以被设计为具有法律责任的治理结构。我们可以将数据信托想象成一个容器，它能够存放资产、定义治理结构、管理负债。当用于治理时，数据信托能够监管、维护并管理数据的使用与共享方式——从谁可以访问数据以及在什么条件下访问，到谁有权设定这些条件以及如何设定条件。数据信托可以采用多种方法来解决一系列问题。通过创建不同的结构，数据信托能够灵活地对治理模式和解决方案展开实验和探索。[原注11]

在得到正确理解的情况下，数据信托可以作为连接服务相关数据（由数据合作社经过同意获取）与更广泛的公众之间的纽带。数据信托可以将数据重新用于服务社会目标和产生经济效益。例如，我们可以建立一种数据信托，让企业共享能源消耗的数据，从而提高能源效率。另一种可能性是利用健康和社会照护服务的相关数据，提高照护质量与效率。英国法律学者西尔维·德拉克鲁瓦（Sylvie Delacroix）写道："信托集体设定条款是数据主体汇集权利以获得'发言权'的一种方式。"[原注12] 这是历史上为边缘群体提供政治发言权的"土地协会"在数字时代的延续。[原注13]

无需费力便可找到数据合作社参与这种重新布线的例子。仅在医疗卫生领域，就有3家著名的数据合作社正在推动新数字经济的前沿发展。如前所述，2015年9月创建的"健康数据合作社"MIDATA是其中成立时间最久的。该合作社使公民能够在国家或地区层面建立并拥有非营利性MIDATA合作社。这些合作社反过来又能使其所有者安全地储存、管理和控制其个人数据的访问权限。

MIDATA合作社作为其成员数据的受托人，提供平台供其用户-成员安全地储存他们的医疗记录、基因组以及移动健康数据的副本。例如，成员可以选择通过平台授权其医生访问他们的所有个人数据。相较之下，一个非营利性的癌症研究机构可能仅被授权访问医疗和饮食数据。成员也可以拒绝向营利性药品公司提供任何访问权限。成员从数据销售中所获得的收入将捐赠给公共研究。

萨维合作社（Savvy Cooperative）是一个医疗卫生领域的新型合作社。这个线上市场为医疗相关公司和创新者提供了一个平台，使他们能够直接与来自不同背景的患者和消费者接触，从而获取临床研究、用户体验和市场调研方面的患者反馈。这家合作社拥有 33 名员工，目标是解开一个谜题：为什么一个致力于改善患者生活的行业，会生产出这么多不仅无益、反而有害的产品和服务呢？萨维合作社的创始人认为答案很简单：患者的观点和洞察本应是医疗服务的关键，却被搁置一旁。

萨维合作社在其网站上自称为"患者心声的速配平台"（Match.com [1] of patient insights），这个比喻或许有些不合时宜，但其核心目的是为了弥合当前医疗公司、创新者与患者和护理人员之间的沟通鸿沟。萨维合作社拥有 500 多名成员，它不仅是提供患者意见的零工经济市场，还是第一个也是唯一一个由患者拥有的平台。然而，萨维合作社也是首个寻求并接受风险资本投资的合作社平台，这对一些人来说颇具争议。"互助风险资本"是合作社历史上用来投资创建新合作社的一种风险资本投资形式，这与源自硅谷的风险资本有所不同。[原注14]

波利波利数据合作社成立于 2020 年，它致力于提升

---

[1] Match.com 是全球知名的约会网站和社交平台，它成立于 1995 年，总部位于美国。

人们对医疗卫生及其他领域的数据合作社必要性的认识。该合作社开发了一款工具，能够可视化用户电脑中的数据流。创始人深知教育对数据合作社未来的发展至关重要，因此有效地采用了视觉材料来阐释其方法，进而引发了有关"数据所有权"的讨论。该合作社追踪的个人数据不会离开用户的设备，无论是手机、电脑还是联网的烤面包机。事实上，波利波利合作社有一个名为 polyPod 的项目，提供了"基于 GDPR（《通用数据保护条例》）的个人数据托管容器，[该容器]为使用该数据的服务提供了必要的基础设施"。[原注15]

这与合作社的立场一致，即所有的个人数据都属于用户，而不是大型私人数据垄断企业。尽管如此，如果用户愿意，波利波利合作社模式也不会阻止他们出售自己的数据以获得个人利益。事实上，波利波利合作社为自己能够"让公民首次参与到利用他们个人数据产生的利润中"而自豪。[原注16] 该项目的进展是对当前技术下个人数据变现可能性的一次早期测试。其成员不仅能从中获得经济利益，还能参与塑造或控制波利波利合作社和 polyPod 项目的发展和方向。

无论该项目在各个方面是否都取得成功，使用波利波利工具的用户都更有可能认可各类尊重数据隐私的平台合作社所提供的服务。例如，驾驶员之座应用程序帮助网约车司机和送货司机收集和控制他们自己的数据。这带来了诸多好处，使他们能够极大地提升工作效率、独立记录自己的收入，并将 GPS 追踪和消息传递功能从中心化的组织中解耦。驾驶员之座合作社的成员有权在合作社的董事会中参与选举并担任职务，还有资格分享平台所产生的利润。

数据合作社正在各个行业和领域中兴起，以确保数据的收集和使用过程更加民主化，从而惠及合作社成员。正如我们在 PescaData 所见，由于缺乏网络效应，将收集的数据金融化的前景可能并不完全现实。然而，人们正在寻找有效利用这些数据的方法，而驾驶员之座合作社就是一个很好的例子。将数据视为共享资源，不仅能提高劳动者的福祉，还能使数据成为推动开放数据、共享数据标准以及法律体系发展与维护的有效工具。《欧盟数据治理法案》特别提到了发展数据合作社的可能性，并为其提供了基本的法律基础。[原注17]

社区数据复兴：意大利的合作社模式

21 世纪数据经济的挑战在于：弥合数据创造者与那些对数据使用既有利益关系又有决策权的人之间的鸿沟。

当前的数据经济存在巨大、不可持续且令人震惊的权力不对称现象，这主要体现在数据的集中化、监控和滥用上。各种应用程序和电子设备在设计之初，就充分考虑了如何从用户的日常活动中提取价值，这包括用户的居住地点、健康情况、财务状况、性取向、宗教信仰和政治立场等信息。当我们浏览互联网、购物、在城市中旅行或使用社交媒体时，这些信息便会被收集。

从数据驱动型企业平台和技术公司的市值可以看出，如今数据对于积累和施展政治经济权力至关重要。在美国，市值最高的公司包括亚马逊、苹果、微软、Meta、字母表（Alphabet，谷歌母公司）、赛富时、奈飞（Netflix）、优步、推特、财捷集团（Intuit）和贝宝（Paypal）。在欧洲，市值排名靠前的是思爱普（SAP）、外卖送（Takeaway）、声田和外卖英雄（Delivery Hero）。而中国有阿里巴巴、腾讯和美团，泛亚太地区有三星。非洲有普罗素斯（Prosus）和南非传媒集团（Naspers），拉丁美洲有美客多（Mercado Libre）。

目前，这种权力集中在少数政府和私营机构手中，他们对数据的控制和处理能力产生了网络效应：收集的数据点越多，整个数据集及其控制者获得的价值就越大。越来越多的人达成了一个共识，那就是我们需要一种新型的数据治理体系，而且这种体系应该建立在更加分散的决策制定基础之上。

这种转变必须基于这样一种认识，即数据的生成实际上是一种无偿、无形的集体劳动。这并不是什么新的观点。早在20世纪70年代，意大利工人主义者的思想中就已经强调了这一点，尤其是马里奥·特龙蒂（Mario Tronti）提出的"社会即工厂"（society-factory）或"社会工厂"（social factory）的概念。[原注18] 达拉斯·斯迈斯（Dallas Smythe）的基本论点也与此相关。他认为受众（audience）应被视为广播公司和广告公司创造的主要产品。他声称，在广告收入的驱动下，媒体行业开始专注于大规模生产和大规模消费。迈克尔·哈尔特（Michael Hardt）、安东尼奥·内格里（Antonio Negri）、扬·穆利耶·布唐（Yann

Moulier Boutang)、苏特·贾利（Sut Jhally）和克里斯蒂安·富克斯（Christian Fuchs）等理论家解释说，社会参与和价值榨取之间有着千丝万缕的联系。因此，媒体内容的创作和传播方式发生了巨大变化。

如果将斯迈斯和特龙蒂的理论应用于当今世界，那么我们的数字活动和社会关系所产生的数据，已经创造了与工业时代的经济生产相当的经济价值。数字注意力经济就像一个没有围墙的工厂，我们每一个人都是这个工厂里的产品，为科技巨头们提供了庞大、不透明、持续且常常是无意识的价值捕获。[原注19]

因此，一些互联网龙头企业通过数据收集和分析，建立起自己的权威也就不足为奇了。然而，数据往往被错误地视为个人资产。实际上，个人数据本身的货币价值是非常有限的。正如亚历克斯·彭特兰（Alex Pentland）和托马斯·哈尔佐诺（Thomas Hardjono）这两位学者所主张的，"人们常常想着将个人数据变现。但现实却是，尽管聚合数据对于特定目的具有巨大的价值，可是由于缺乏数据交换的市场机制，个人数据的个体价值并不高"。[原注20]而整个人群的数据集在预测分析中拥有极高的使用价值。这也是为什么大型科技公司的研发实验室在开发基于人工智能的技术时，专注于研究"聚合数据集"，之后才将"这些洞察应用回（个）人身上"。[原注21]他们十分清楚，数据真正的经济价值源于大型群体所生成的信息的聚合。

一群学者和从业者指出："我们可以把数据聚合看作是在组装一种新的最终产品——比如一个广告投放基础或一个预测分析模型——只有工业规模的操作才有能力生产

出有市场需求的产品。"[原注22] PescaData 就是一个很好的例子。单个渔业合作社或渔民产生的数据对于大型科技公司来说微不足道，但是来自墨西哥太平洋沿岸所有渔民的数据却能带来具有巨大商业价值的洞察。

在我之前出版的《工作优步化，工资被"优化"》一书中，我将这种从群体中提取数据的行为称作"大众剥削"（crowd fleecing）。数据民主通过将数据视为集体经济资源，有望终结这种剥削行为。我们不应将在线搜索和网络购物仅看作私人行为，而应将其视为一种集体努力。

合作社和数据民主

合作社在大规模解决社会问题方面有着悠久的传统，尤其是在得到法规支持的情况下。20 世纪 30 年代初，针对大城市能源生产过度集中的问题，富兰克林·罗斯福政府采取了一系列措施，在一定程度上缓解了经济大萧条的影响。当时，大多数发电机都位于城市，而出资建设这些发电机的公司往往不愿意为农村客户提供电力服务。这种情况与今天宽带互联网在城乡的分布不均非常相似。

作为罗斯福新政的一部分，农村电气化管理局（REA）向电力合作社提供贷款，用于建设输电线和发电机，为农村地区提供电力。在农村电气化管理局的帮助下，电力合作社将农村家庭的通电率从 1929 年的 13% 提升至 1944 年的 94%。[原注23] 在这段历史的现代回响中，美国的一些电力合作社正在探索如何为服务匮乏的地区建设电动汽车充电站。电力合作社的地理和服务覆盖范围广泛,足以迅速产生影响:它们为全国超过一半区域内的家庭、企业、农场和学校的4 200万人提供电力。在欧盟,欧洲移动工厂平台合作社的成员包括一个可再生能源合作社和电动汽车共享合作社,其中一些合作社已经资助建设了此类充电站。

农村电气化管理局的案例表明,合作社可以大规模地服务于公众利益。此外,这个案例还极具启发性,展示了在应对高度集中的数据经济所带来的全新挑战时,法规如何提供支持。富兰克林·罗斯福在私营公司没有动机解决问题的领域创建了社区资产。如今,政府可以开始在多个领域建立数据民主的前哨基地——例如,允许合作社拥有健康数据的所有权。[原注24]国际劳工组织(ILO)作为联合国推动社会正义和体面工作的专门机构,拥有在数据标准方面发挥领导作用的潜能。

数据权利即是劳工权利

在这里,我们应当明确区分数据所有权和数据管理权。目前,实现数据所有权尚不现实。而数据管理权(包括对数据的控制和访问)如今可以通过多种方法实现。但是,无论采用何种形式重获数据管理权,都离不开公共及合作社的数字基础设施支持。地方行为者的能力有限,数据合作社无法取代数据仓库,它们仍需要依靠公共云服务来与谷歌云服务和亚马逊网络服务竞争。

我们还必须确保这些信息掌握在适当的人手中，既要让决策者能够访问这些信息，也要让公众能更好地监督和问责决策者。整个数据系统的透明度是其中关键的组成部分。随着有关数据所有权的讨论不断扩展和深化，从业者、理论家和公众将进一步了解我们的数据如何被使用以及由谁使用。事实上，仅仅提出"数据所有权"这个问题——将其引入政治术语中，就已经具有重要的教育意义。

有关数据民主的讨论绝不能交给那些自以为最懂公众需求的精英法律学者和政策制定者。这一过程需要社区和合作社积极领导，以参与式的方式推动创新。成功的转型应该以社区和合作社的经验为基础，由其愿景和想象力驱动，并植根于那些决心掌控自己的数据以服务公共利益的社区试点项目。

全面实现数据民主需要分阶段逐步进行。在此过程中，我们可以在一些重要方面提高数据系统和应用的透明度。例如，女性主义或原住民对数据收集的批判，可能会强调数据收集如何针对或忽略了更广泛人群中的子群体。然而，我们的目标是推动由社区主导的变革。这些社区要求教育、问责以及对数字基础设施的基本访问权、管理权和控制权，包括对合作社混合基础设施及其数据的每一个比特（和字节）的权利。2022 年，在里约热内卢举办的平台合作主义联盟大会上，印度女性主义研究者兼数字权利活动家阿妮塔·古鲁穆尔西（Anita Gurumurthy）强烈呼吁，我们需要将数据权利这一概念发展为劳工权利，并强调数据权利是一种新型的劳动者权益。

共享私人健康数据再次成为公共教育的有益起点。网约车应用程序也是如此。例如，巴塞罗那市政府声称，电动滑板车或优步计程车在城市穿行时所产生的数据不属于公司，而是属于市政当局。虽然西班牙政府可能不会采用巴塞罗那的数据主权方式，并且有权推翻这种做法（毕竟城市的权力有限），但挑战优步和户户送等零工经济平台，并提议采用另一种模式的行为，具有超越西班牙国界的象征意义。

在本文撰写时，有关数据所有权的法律讨论还很有限。但值得注意的是，欧盟已经建立了一个全面的数据监管制度，即《通用数据保护条例》（简称 GDPR）。该条例从两个方面规范了欧盟－欧洲经济区的数据隐私和保护：一是优化了跨国公司的监管环境；二是增强了个人对其数据的控制权。任何处理欧盟居民个人数据的企业都必须遵守《通用数据保护条例》的规定。

数据可携带权是《通用数据保护条例》赋予"数据主体"的一项权利。在这项权利的保护下，互联网用户可以要求将他们在特定服务中贡献的任何数据，以机器可读的格式导出，以便在需要时转移到新的服务提供商。数据可携带权缓解了有利于大型科技公司的网络效应，使得社交媒体的用户更容易离开现有平台，使用竞争对手的服务。此外，《欧洲数字服务法案》和《数字市场法案》（简称 DMA）也在用户权利和保护方面发挥了作用。[原注25]

然而，由于新技术的迅猛发展已经超越了民主的稳健步伐，欧盟的政策在实施过程中遭遇了重大挑战，给努力跟上发展变化的政策制定者设置了障碍。

这场全球性辩论正在学术界和民间展开。例如，在新西兰，毛利人的数据主权运动日益壮大。该运动主张毛利人在数据方面的权益，倡导以道德的方式使用数据以提高毛利人的福祉，并促进其语言和文化的发展。[原注26]毛利人这一数字主权运动在澳大利亚及美国原住民群体的组织活动中也引起了共鸣。虽然从技术上来说，这并不是一个数字化运动，但它是在相似的精神下形成的，体现了残疾人权利运动的口号："没有我们的参与，不要做关于我们的决定。"[原注27]

参与规则和技术支持

1971年，在智利总统萨尔瓦多·阿连德（Salvador Allende）的领导下，雄心勃勃的赛博协同工程（Project Cybersyn）启动了。该工程旨在探索社会主义框架内的替代性经济规划系统。一群工程师和科学家为此齐聚一堂，他们为这一短命的计划付出了不懈的努力。赛博协同工程是社会主义国家拥抱参与式数据治理的典范。该工程被设想为一个分布式决策支持系统，旨在辅助国家经济管理。赛博协同工程由四个模块组成：一个经济模拟器、一个将工厂与工厂以及工厂与中央政府连接起来的计算机网络、一台用于更新数据集的电传打字机，以及一间部长们能够实时监控经济指标的操作室。虽然这个工程未能在阿连德短暂的任期内完成，却因其运用开创性的控制论思想而备受关注。

赛博协同工程的影响促进了现代数据治理机制在地方和全球范围内的发展。[原注28]在赛博协同工程的思想传承者之中，一个非营利性基金会开发了名为Decidim的开源参与式民主平台，旨在促进公民参与民主过程。该平台已经被巴塞罗那市议会和加泰罗尼亚政府等城市和组织采用。作为共同体组织[1]促进市民参与城市公共事务举措的一部分，Decidim不仅服务于市政治理，还支持任何旨在促进合作的目标或团队。2016年至2017年间，巴塞罗那市利用Decidim制定了战略规划，其过程涉及80多场市民会议和8 000多条市民建议。自此，Decidim便发展成为一个旨在扶持民主文化的独立在线民主社区平台。它为居民提供了一个平台，使他们能够聚在一起，并就影响他们生活的各项决策发表意见。通过这种方式，Decidim积极地塑造了一种参与性更强、透明度更高的政府形式。值得一提的是，该平台的源代码在GitHub上向所有人开放。

在充满变化的民主领域中，自由主义的代议制模式屹立不倒，而合作社则采用了包括参与式和审议式在内的多种民主形式。法国的争议解决平台Kleros是一家突破现有治理体系极限的数字化合作社。Kleros将古希腊的抽签法现代化，通过由用户组成的小型虚拟陪审团来分析纠纷并作出裁决，从而开创了一种创新的治理方法。赛博协同工程的另一个数字化衍生物Loomio是一个在全球广泛使用的数字工具，它促进了深思熟虑且富有成效的审议，并使群体决策成为可能。[原注29]

---

[1] 共同体组织（En Comu）：加泰罗尼亚语意为"在共同"，它是西班牙巴塞罗那的一个公民平台和政治组织。

此外，还有平方投票法[1]。这种独特的投票方法为二元投票系统[2]提供了替代方案。与Loomio或Kleros等工具或平台不同，平方投票法是一种允许个人在1到10的范围内表达偏好强度的投票机制。合作社认识到平方投票法在捕捉不同程度的偏好和重要性方面的价值，因此在使用其他工具和平台的同时，采用了这种细致的方法来增强民主过程，努力实现更公正的结果。然而，这些例子仅仅是用户治理难题的一部分，我们还需要健全的争议解决程序和明确的社区规则，以确保每个人的声音都能被倾听，并真诚地做出决策。

除了治理平台和投票机制之外，意大利在社区合作社方面的做法提供了一个具有启发性的模式。这种模式深深植根于多功能或社区合作社的概念之中。这类合作社致力于提供能够惠及更广泛社区的产品和服务，其影响远超其成员范围。自21世纪以来，人们对社区合作社的兴趣与日俱增。与此同时，社区合作社也扩展到了包括能源和乡村振兴在内的多个领域。[原注30] 为了应对意大利乡镇人口减少的问题，出现了通过促进旅游业和社会发展来实现乡村振兴的趋势，而合作社在这个过程中发挥了关键作用。

---

[1] 平方投票法（quadratic voting，也译作二次方投票，二阶投票法）允许选民根据他们对某个议题的关心程度投入更多的"票"或"信用点"。这种机制下，选民可以对他们更加关心的议题投入更多的票，但随着投入的票数增加，每增加一张票的成本是前一张的两倍，即成本呈二次方增长。

[2] 在二元投票系统（binary voting systems）中，选民通常对每个议题只有一个投票权，他们可以选择支持或反对某个提案。这种系统往往简化为"是"或"否"的决策，不提供对偏好强度的表达。

以位于意大利港口城市热那亚的 Il Cesto 合作社为例。这家社区合作社负责收集和分发多余食物，销售有机及公平贸易产品，并组织包括音乐节在内的各种文化教育活动。该合作社起初是为了支持需要帮助的儿童而成立的，但后来不断扩大，除了其成员外，还吸纳了为边缘群体（如受虐女性、移民和无家可归者等）提供支持的志愿者和社区成员。尽管只是一家小型合作社，但是自 2015 年以来，热那亚 Il Cesto 合作社的成员数量持续增长，从最初的 4 人增加到现在的 40 人。

社区合作社模式在意大利较小的乡村城镇尤为有效。在这些地区，合作社成员可能承担着多种不同的职责，从管理小旅馆和餐馆到经营邮局，乃至照看羊群。当社区合作社这一模式应用于不同的环境和地区时，它有潜力为以公共利益为重的数据收集和使用做出积极贡献。

数据公域：水涨众船高

尽管公司将数据视为可交易的商品，数据公域（data commons）却认为数据是属于所有人的集体共享资源。这种数据公域的概念植根于合作社的第六条原则，即合作社应相互支持。在合作社数据公域中，成员能够汇集他们的数据资源和知识，以应对共同的挑战。

共享数据标准和互操作性至关重要。构建合作社数据公域需要共同的理解和公认的协议，这突显了全球管理者在此过程中的关键作用。在这方面，国际合作社联盟无疑是推动这项工作的理想选择。而当前缺乏共享协议的情况，与文特·瑟夫（Vint Cerf）等互联网先驱在20世纪70年代初期面临的情况极为相似。当时，瑟夫奔走于各个组织之间，呼吁他们使用免费的TCP/IP协议。数据可携带权是另一个需要考虑的问题。尽管像Diaspora、GNU社交（GNU Social）、长毛象（Mastodon）及Friendica这样的联合社交网络已经存在了一段时间，但却仍然面临种种限制。这是因为大多数人丰富的社交联系——也就是他们那臭名昭著的"社交图谱"——依然被束缚在主流平台之中。[原注31]

试想一下，如果你在Meta平台上的联系人以及所有活动记录都能无缝导出到竞争对手的社交网络上——该社交网络由用户运营的合作社联盟拥有和控制，这将带来多么大的变革潜力？这种范式转变[1]挑战了那些严重依赖网络效应而非推动创新的平台的主导地位。为了实现这一愿景，监管干预对解除社交图谱的限制并确保数据可携带权至关重要。

当前的经济体系建立在这种"锁定"策略之上，就像开放数据规则要求银行必须通过开放API（应用程序接口）使用统一的、机器可读的标准化数据一样。在合作社领域，采用这种标准化的开放数据对于促进创新至关重要。COBI的斯图尔特·富尔顿在2022年的一份研究报告中指出，缺乏互操作性是创建数据公

---

[1] 范式转变（Paradigm shift）是一个常用于科学和哲学领域的术语，指的是在某个知识领域内基本理论、方法或标准的根本性变化。

域的"主要障碍"。他写道,到目前为止,数字技术"在设计上还不具备互操作性,这意味着我们收集、整理和创造的价值(无法)轻松地被共享、发现、采用和调整"。[原注 32]

最经济高效地获取并分享知识的方法是通过共用的数字基础设施。这需要跨越组织边界,对先前未连接的产品进行系统化设计和工程化处理,同时遵守现行隐私标准。

巴拉那联合体(Parana Uniti)的案例展示了合作社数据公域的一个潜在应用场景。该联合体由巴西巴拉那州的 21 个合作社组成。为了降低软件成本并促进合作社之间的数据共享,该合作社网络决定建立首个中央信息技术合作社——UniTI。这一举措代表了一种容易实现的目标,能够为合作社带来显著收益。

巴拉那联合体的愿景也得到了内森·施奈德的认同。"我设想有一群可靠的小型云合作社,其成员有着共同的兴趣。"他写道,"这些合作社自筹资金维护运营成本,同时参与开发他们所依赖的开源软件。结果,我们看到大批用户离开了一刀切的监控平台,(同时)有着出色用户界面的开源软件呈爆炸式增长,因为这些软件的开发得到了用户资助。"[原注 33] 随着人们对合作社数据公域的兴趣与日俱增,我们必须保持警惕,防范潜在的"伪团结者"。已有迹象表明,现状的维护者可能会利用伪装的合作社来操纵合作社精神。虽然一些获得风险资本支持的 Web3 项目声称采用合作社的模式,但实际上却缺乏真正的合作社的核心要素。例如,科默斯合作社(Co-op Commerce)

获得了580万美元的风险资本资助,却违背了合作社不出售此类股权的传统观念。[原注34]

维护合作社原则的同时,避免成为扼杀新兴实验的合作社监察者,这的确需要保持一种微妙的平衡。培育和支持这些尝试至关重要,同时也要辨别真正的合作社努力与"合作社幌子"之间的区别。在后者中,合作社的表象掩盖了别有用心的目的,或缺乏对合作社原则的真正承诺。摒弃集中式的云服务,转而采用全息链(Holochain)等替代选择是迈向数据公域的第一步,因为这些方案为真正的合作社计划提供了支持。全息链这个野心勃勃的项目旨在创建一个"主流的集中式互联网系统的替代品,以保护我们自主选择的能力,并提供值得信赖的信息供我们采取行动"。[原注35]

全息链建立在一个点对点的加密网络上,它允许参与者使用自己的设备创建身份并保持对其数据的所有权。在全息链上,数据无法被控制、关闭或挪用。此外,用户无需再为云托管支付费用。全息链已经开发了可用的医疗保健和社交媒体应用程序,以及集成在生产、消费或存储电力的设备中的软件协议。[原注36]它利用了区块链技术的宣传效应,但实际上并没有构建一个真正的分布式账本。

全息链应用自由和开源软件的实例,或许可以帮助一些平台合作社远离专有数据和编码模型。与此同时,我们也要认识到,并不是所有的情况都适用同一种解决方案,"源代码可用"与"开源"之间也存在区别。有些合作社可能有充分的理由放弃开源的方式,转而采用同行生产[1]或"知识共享+"（Creative Commons Plus，简称CC+）[2]许可协议来保护代码。这样做不仅能使他们的代码对其他合作社可用，同时也能避免被某些组织和个人滥用。

信用合作社：数据民主的先锋阵地？

计算机科学家亚历克斯·"桑迪"·彭特兰（Alex "Sandy" Pentland）提出，美国的信用合作社非常适合成为数据民主的先锋阵地以及数据合作社的通用典范。他认为，凭借其数百万成员，"社区组织有很大机会可以利用社区拥有的数据"。[原注37]彭特兰建议，基于信用合作社的数据合作社可以汇总其所在社区的相关统计数据，以造福该社区。"社区需要关于其经济健康的数据，以便规划未来。但这种社区层面的规划所需的数据，对社区来说却无法获取。"他写道，"随着由社区拥有的数据合作社的发展，这种情况可能会发生巨大变化。"[原注38]

彭特兰提议将信用合作社作为一种数据治理模式，这

---

[1] 同行生产（Peer-production）协议是一种开放协作的模式，允许广泛的参与者共同创造和共享知识、文化或技术产品。它强调开放参与、共享产权、透明度、自组织和非货币激励，常见于开源软件和维基百科等集体智慧项目，并试图通过社区成员的同行评审和反馈，实现质量控制，促进创新和多样性，支持快速更新和弹性发展。

[2] 知识共享（Creative Commons，简称CC）协议是指一系列相对宽松的版权许可协议，允许创作者在保留某些权利的前提下［通常有几种固定的许可方式，如 Attribution（署名）、ShareAlike（相同方式共享）、NonCommercial（非商业性使用）等］，将其作品分享给公众。CC+ 协议则是在其基础上的延伸选项，用户可以在 CC 协议的许可范围内免费使用作品，但如果想要超出这些条件使用（例如商业用途），则可以通过一个简单的过程获得额外的许可，通常需要支付费用。

与我的建议是一致的。我建议在设计有效的数据治理框架时，从赛博协同工程和意大利社区模式的协同作用中汲取灵感。尽管美国拥有众多信用合作社，但它们在民主参与方面成败参半，并且这些合作社往往难以与传统银行划清界限。虽然重新利用信用合作社或社区合作社等现有结构并非易事，但这种做法为传播理念和利用既有网络提供了一种有意义且实用的方法。[原注 39] 此外，技术专家兼活动家纳比尔·侯赛因（Nabil Hassein）的观点也值得参考。他认为，我们可能需要构建新的结构，因为改革现有结构可能会面临诸多挑战。例如，在美国，联邦和市政系统往往表现出种族主义倾向，这阻碍了边缘群体获得公平的代表权。

> 黑人以及所有被压迫民族的解放，永远无法通过融入资本主义精英所控制的体系来实现，因为这些精英从种族主义及其相关压迫的延续中获益匪浅。解放斗争不仅仅是一场争取多样性和包容性的斗争，而是一场争取去殖民化、赔偿和自决权的斗争。[原注 40]

不过，美国的信用合作社可能非常适合进行彭特兰的实验。这些合作社服务于多元化的客户群体，其中 34% 是少数族裔。在这些合作社里，规模最大的、由黑人所有的信用合作社管理着超过 6.25 亿美元的资产，这使得该合作社成为了一个充满希望的起点。这些例子展示了一种替代方案，该方案优先考虑民主参与、社区赋权和负责任的数据。

区块链上的数据

近年来，区块链作为一种对抗数据集中化的工具，受到了最热烈的追捧。区块链不仅是支撑加密货币核心技术，也是推动互联网演进至Web3时代的关键技术创新。区块链因其托管数千种数字货币的所有权和交易记录而广为人知。而区块链（在理论上）改革治理和实现数据可携带性的潜力，让合作社运动中的一些人对该技术大加赞赏，认为它能够实现更广泛的民主，并对全球经济产生深远影响。[原注41] 受加密货币和区块链平台 FTX 和 Terra Luna 倒闭等事件的负面影响，一些人认为区块链并未为左派提供可行的应用场景，并将其视为去政治化的自由主义运动推动的不道德骗局。我认为，尽管我们不必接受围绕分布式账本的每一个乌托邦式的承诺，但承认这些技术有潜力在一定程度上促进合作社经济的发展仍然非常重要。[原注42]

然而，人们不必相信分布式账本的每一个乌托邦式的承诺或阴谋论式的否定，就能认识到去中心化的 Web3 应用程序具有推动合作社经济建设的潜力。确实，区块链技术经常与类似庞氏骗局[1]的加密货币市场密切相关。但

---

[1] 庞氏骗局（Ponzi scheme）是指一种非法的金融诈骗行为，其特点是利用新投资者的资金来支付早期投资者的回报，而不是通过合法的商业活动或投资来产生利润。这种骗局的运作方式是，骗子向投资者承诺高额的回报，然后使用新投资者的钱来支付早期投资者的利息和短期回报，创造出投资项目成功和盈利的假象，以吸引更多的投资者。庞氏骗局得名于意大利移民查尔斯·庞兹（Charles Ponzi）。1919 年，他开始在美国波士顿设计一个诈骗计划，承诺在 3 个月内给予投资者 40% 的回报。他的计划最初吸引了数万名投资者，但最终在 1 年内崩溃。

如果忽视了在比特币和狗狗币这些焦点之外，区块链在治理、社区建设和金融领域正在进行的大量高质量实验，那就过于短视了。

正如 Web 2.0 一样，当人们投入数十亿美元时，总会有一些成果。项目确实得到了建设，不是全都打了水漂。即便是万维网的共同发明者蒂姆·伯纳斯-李（Tim Berners-Lee）这样的权威人士也认为，几家大型科技公司利用我们的个人数据，将我们锁定在他们的平台中。然而，他仍对区块链持怀疑态度。"不要理会 Web3 的那些东西。"他说道。[原注43]

尽管如此，伯纳斯-李创立了 Solid，以证明区块链技术在数据所有权和数据变现方面的潜在颠覆性影响。Solid 是一套基于关联数据（Linked Data）理念的规则和工具，旨在开发去中心化的社交应用程序。在关联数据模型中，我们的数据不再存储在我们所使用的应用程序的服务器上，而是以去中心化的方式存储和链接。伯纳斯-李目前正在与英国广播公司（BBC）、英国国家医疗服务体系（NHS）以及比利时佛兰德地区政府合作开展试点项目。他的团队还在开发一个数据访问库，以便构建去中心化的应用程序（Dapps），其目标是"彻底改变当今万维网应用程序的工作方式，从而实现真正的数据所有权和更好的隐私保护"。[原注44]

通过接受广义的平台合作社定义，我们可以为协议性合作社的兴起创造空间。这类合作社提供了一种没有中央控制点和"自毁开关"（kill switch）的去中心化替代方案，从而使它们区别于通常与平台合作社相关的民主集中式平台。像 Solid、数据合作社 - 信用合作社混合模式、社区合作社这样的项目及其他同类计划，提供了多种多样的解决方案。虽然它们可能无法完全重新掌控互联网，但却有潜力减轻由集中化造成的一些危害。

去中心化自治组织

去中心化自治组织（DAOs）已成为数据民主化前沿的一项核心技术。尽管去中心化组织有多种用途，并常常被过度宣传，但其本质上还是依赖于编码在区块链上的智能合约来实现去中心化的治理。从提升透明度到降低协调成本，这类组织具有诸多优势。与自上而下的传统组织相比，去中心化组织显示出更大的灵活性，并且在技术层面（而非操作层面）更能抵御腐败。虽然去中心化组织仍处于发展初期，但它在创造新型数字所有权以及通过创新方式分配这种所有权方面的潜力，已经引发了广泛关注。

首个去中心化自治组织筹集了超过 1.5 亿美元，旨在创建一种众筹投资公司——一个去中心化的 Kickstarter 众筹平台。然而，由于法律、治理和代码漏洞等一系列问题，该项目最终以失败告终。尽管如此，这种创新型的新系统仍然有潜力永远改变我们思考治理和社区管理的方式。

在合作社运动内部，去中心化组织模式也不乏批评者。一家名为 DisCo 的平台合作社甚至发布了一份完整的宣言，批评去中心化组织是那些不认同合作社价值观或目标的恶意行为者的掩护。不过，也有一些方法可以防止去中心化组织被用作"假"合作社的幌子。

有人从德国软件开发商德米特里·克莱纳（Dmytri Kleiner）那里得到了启发。克莱纳在他的《电信共产主义宣言》（*Telekommunist Manifesto*）中写道："即使在合作社运营的情况下，平台也不应依赖于服务器和管理员，而应尽可能在平台用户自己的计算机上运行。"通过确保计算机能力始终掌握在成员手中，他继续说道，"我们可以防止通信平台变成资本，也可以防止用户被当作受众商品来利用。"[原注45]

尽管某些区块链的实施方案具有掠夺性，但若忽视其为公共利益做出贡献的潜力，则未免过于短视。去中心化组织的世界展示了一系列合法的社区自助活动和研究计划，例如位于纽约的互助 DAO（Mutual Aid DAO）、工作 DAO（Work DAO）、劳工 DAO（Labor DAO）和 Opolis。这些去中心化组织在法律框架内运作，促进民主治理并为其用户提供相关福利。

公众逐渐认识到，数据的集中化所有权既不民主，也不可持续。然而，实现数据民主还远未得到保证。数据合作社为发挥其自身潜力，必须应对并解决一系列挑战和未决问题。其中，治理问题最为关键。数据合作社需要明晰且透明的规则，规范数据的收集和使用方式，以及成员如何加入、退出并携带他们的数据。

民主的数据收集和管理需要在个人隐私保护与更广泛的社区利益及愿望之间取得平衡。由于缺少通用的解决方案，每个合作社都必须独立作出决定，例如，决定何时为保护个人隐私而限制数据收集，以及何时适当牺牲隐私以实现成员优先考虑的共同目标。最后，数据合作社在适应和采用新技术时必须保持灵活性。为了实现合作社数据公域和更加去中心化的互联网这一愿景，合作社运动必须积极支持和推动符合其原则的实践活动，同时也需意识到，对于有迫切生存需求的个人来说，技术实验可能有些不切实际。

第七章　一封来自 2035 年的信：已实现的社会愿景

下面这封信来自不远的未来——确切地说，是在本书首次出版的 12 年后。社会推想小说的传统由来已久，而我希望继承这一传统，通过想象未来可能发生的情景，启发当下的人们。当然，这是一种充满希望的想象。但这种想象植根于当前的趋势，并基于现实世界的参与者。前几章里，我们已经遇到了他们当中的大多数人。我不仅受到了法国理论家安德烈·高兹（André Gorz）的启发，还深受经典推想小说的影响，如爱德华·贝拉米（Edward Bellamy）的《回顾》（Looking Backward）。具体而言，本章回应了高兹在 1967 年出版的著作《劳工策略：一项激进的提案》（Strategy for Labor: A Radical Proposal）中发出的号召。他说道："现在比以往任何时候都更需要提出一个全面的替代方案，以及那些在现阶段导向这一替代方案并预示其到来的'中间目标'（中介）。一种不同的消费［和生产］模式比所有关于垄断企业赚取数十亿利润的抽象言论更具现实意义与革命意义。"[原注1]

接下来的内容将描述一种替代模式如何在与其他模式的协同作用下被付诸实践。这并不会发生在遥远的未来，而是在不远的将来，足以有效应对 21 世纪的多重紧急情况。有些人不愿满足于更现实的短期成功，而是倾向于将想象力投入到更遥远的乌托邦。但我认为，没有必要在这两者之间做出选择。务实地立足于当下并不意味着必须放弃全面改革社会的长期目标。然而，这种改革只能分阶段实现，而接下来要讨论的正是其中的一个阶段。

2035 年 6 月 2 日

亲爱的读者们：

在给你们写这封信的时候，世界经济论坛的最新报告《工作的未来：2035—2050》刚刚发布。这份杰出的报告详细分析了过去十余年全球平台合作社快速扩展的情况，并对未来做出了预测。截至目前，已有 80 多个国家制定了支持平台合作社发展的计划和示范法[1]，还有更多国家也表现出了这方面的兴趣。报告中重点提到的一些项目是基于合作社原则运营的企业的催化剂，并在德国柏林、瑞典于默奥和印度特里凡得琅有显著的活跃表现。哥斯达黎加和秘鲁也已崭露头角，成为地区的领导者。圣何塞的合

---

[1] 示范法（Model laws，也译作"模范法律"）指的是一些组织或专家团队制定的法律草案，这些草案可以作为其他司法管辖区制定新法律或修改现有法律时的参考或模板。模范法律通常旨在提供一个标准化的法律框架，以便于不同地区能够采纳或根据本地实际情况进行适当的调整。

作社领袖路易斯说道:"在埃特娜飓风之后以及在疫情高峰期间,护士短缺给我们造成了沉重打击。在考虑远程医疗的过程中,我们意识到平台合作社可以是一个可行的解决方案。"

在科技平台的世界里,我们必须认识到并非所有的商业项目都能成功。2035年,即便是知名的平台合作社(特别是在音乐流媒体领域)也面临着挑战。然而,尽管困难重重,却也涌现出一些令人瞩目的成功案例。2026年,Fairbnb得到了意大利合作社联盟的大力支持。两年后,Fairbnb基金会允许全球社区利用开源软件创建本地化平台。这种去中心化的方式使Fairbnb不仅在意大利和西班牙北部得到广泛采用,还在全球其他地区推广开来,促进了短期租赁市场中旅游业的公平和可持续发展。

2035年,像Amavida Market(在祖鲁语中意为"社区")这样的数字市场为南非曼恩伯格等城镇的缝纫合作社提供了支持。同时,一些类似的——有时是超本地化的——数字市场也向印度古吉拉特邦乡村地区的阿迪瓦希族妇女提供了帮助。伊朗的Kasebkoop采用线上线下相结合的模式,在网络市场和当地店主之间架起了桥梁。在黎巴嫩、达卡(孟加拉首都)和巴西的音乐家、诗人与家政从业者联合发起行动,剔除了艺术、文化和家政行业中的剥削性中介。受易趣(Etsy)等平台上不公行为的刺激,这些生产者主动采取行动。他们通过建立平台合作社,重新夺回了所有权并确保了公平的利润分配。2035年,一种新的混合模式应运而生。该模式结合了英国平等照护平台合作社和位于立法支持地区的意大利社会合作社,以应对老龄化人口中日益增长的照护需求。全球人工智能合作社，如机器学习行会（Machine Learning Guild）和 AI 姐妹会（AI Sisters），推动了具备包容性、公平性和透明度的人工智能创新。最后，纽约市司机合作社的显著扩张体现了集体努力的变革力量。21 世纪 30 年代初，该合作社拥有 2 万名成员，每日约提供 17.5 万次出行服务。

自称为"新合作者"的开拓者们发起了一系列开创性项目。这些项目已经出现在巴西的无家可归者运动、21 世纪 20 年代末至 30 年代初的移民运动，以及国际应用程序运输从业者联盟中。该联盟是在去年于东京召开的第四届平台运输联盟年会上成立的。在这个变革的时代，我们目睹了越来越多的"新合作者"将他们对变革的承诺延伸至合作社组织之外，开始涉足选举政治。从哥伦比亚文化部到阿根廷国会，这些富有献身精神的政策制定者带来了女性主义议程和"健康经济"的愿景。当他们谈论数字平台时，也会涉及儿童保育、平等代表、照护工作、为无偿或低薪工作提供公平报酬，以及快乐的价值。女性和性别多元化[1]的"新合作者"积极参与决策。他们优先考虑营造安全的数字环境，并确保人工智能系统开发和培训过程透明、有问责机制且无性别偏见。世界经济论坛预测，到 2045 年，平台合作社的数量将翻一番，服务全球超过 1 亿的成员和客户。鉴于"新合作者"在推动社会变革方面的努力和贡献，这一预测显得尤为重要。

---

[1] 性别多元化（gender-expansive）这个术语通常指的是那些超越传统性别二元对立框架（即男性和女性）的性别认同或表达方式。

今年世界经济论坛关于未来工作的报告与往年不同。本年度的报告强调了合作社在许多中低收入国家消除贫困中的推动作用，以及在实现联合国可持续发展目标中的重要贡献。

2035 年也是一个关键的转折点。随着灾难性的气候事件在我们眼前不断上演，我们被迫直面过去行为的后果。我们面临了骇人的极端天气事件的激增、海平面上升、相关的人道主义危机，以及对经济重新调整和可持续实践的迫切需求。为应对这些挑战，平台合作社作为团结经济和支持共享资源运动（pro-commons movement）的支柱，提供了一种与现有的组织形式截然不同且强有力的替代方案。21 世纪 20 年代初，人们对将合作社价值观融入去中心化自治组织，并对实施合作社治理以构建更公平的、集体所有的组织表现出极大的兴趣。

科技领域的模式和标签通常会先经历一段激烈的炒作期，然后逐渐失去热度，过渡到更具实质性但较为低调的长期实验阶段。这个阶段虽然较为缓慢，但侧重于产生实质性的影响，包括对创新方法的深入探索和测试。这一阶段不适合没有耐心的人！然而，生产型的非营利性组织、"合作与参与型社会"[1]，以及有限责任公司都在积极贡献自己的力量。其中，有限责任公司已经成为平台合作社的一种实用模式，尤其是在劳动者合作社或多利益相关者合作社面临法律或监管挑战的情况下。由于有限责任公司在

---

[1] 合作与参与型社会（société coopérative et participative，也译作"合作与参与型公司"）：指的是一种企业形式，其中股东（包括员工）参与公司的管理决策，强调民主管理和利益共享。

多个司法管辖区得到认可，并与合作社原则相一致，它们能够帮助平台合作社建立起可持续的、包容的、真正民主的数字平台。虽然称不上是"劳动者的天堂"，但平台合作社作为一种可持续且对社会负责的传统公司的替代方案，正在蓬勃发展。

现代合作社运动起源于这样一种认识：由最富裕的国家推动的全球消费经济正引领我们走向气候灾难。为了应对企业内部根深蒂固的"增长必要性"（growth imperative）[1]，这场运动大力倡导减少能源消耗、废物产生和温室气体排放。政府和公众逐渐认识到，合作社通过提供一种替代传统"增长必要性"的选择，带来了极其重要的价值主张。合作社在意识形态和具体实践上，都为对抗气候灾难做出了贡献。与传统的初创企业相比，合作社在应对气候变化方面具有更大的优势。马达加斯加就是一个例证。这个以生物多样性著称并面临重大的环境和社会挑战的国家，将其向合作社数字经济转型的重心放在再生农业和合作社平台上。Tany Sambatra 项目（马达加斯加语，意为"美丽的土地"）便是这种做法的光辉典范。

Tany Sambatra 项目建立了一个区域性的二级合作社网络，并利用集中化的数字平台整合了农民、农民协会和合作社。此外，通过实施农林复合、土壤保护、作物多样

---

[1] 在经济学和社会学中，增长必要性指的是经济增长的必要性或迫切性。这一概念强调经济增长作为一个社会或经济体的首要目标和必需条件，通常被视为实现社会繁荣、提高生活水平和解决贫困等问题的关键手段。经济增长的必要性在现代经济学中被广泛讨论，尤其是在发展经济学和宏观经济学中。它被视为实现长期经济稳定和社会进步的核心目标。

化、水资源管理和集体数据管理等措施，这些小农户力图提高产量、增加收入，并增强对气候灾害的抵御能力。另一个启发性的例子是喀拉拉邦食品平台（Kerala Food Platform），它展示了其他合作社如何应对气候灾难。

按照硅谷的逻辑，创业成功的标准是建立价值数十亿美元的私营公司。然而，这不仅难以实现，而且对劳动者和社区不利。喀拉拉邦创业使命机构[1]坐落在印度南部风景如画的阿拉伯海之滨。该机构大胆挑战了主流的创业叙事，突显了甘地和马克思精神与硅谷科技巨头的理念之间的显著差异。喀拉拉邦创业使命倡导印度各邦政府支持那些基于可持续商业模式的科技初创企业，这些商业模式优先考虑劳动者、环境和整个社会的福祉。在喀拉拉邦，还有另一个重要的项目。11 000多家合作社的小农户面临着单独销售农产品的挑战，原因在于从小型农场运输小批量农产品到当地市场的效率不高。但在邦政府创业基金的支持下，这些小农户联合成立了一个平台合作社，集中将他们的农产品推向市场。作为一个统一的组织实体，这些小型农场合作社获得了更强的市场地位。这不仅增加了他们的收入，还提高了喀拉拉邦农民的生活水平。

美国的政策制定者已经认识到合作社在应对气候危机方面的关键作用，于是也开始积极推广这种模式。政府已经制订了针对平台合作社的援助计划，同时还成立了跨部

---

[1] 喀拉拉邦创业使命机构（Kerala Start-up Mission，简称KSUM）是印度喀拉拉邦创业发展和孵化活动的重要机构，它旨在通过提供支持和资源来促进科技创业企业的发展，其主要目标是将喀拉拉邦打造成一个全球知名的创业中心。

门工作组，为中小企业提供技术支持。我必须赞扬加利福尼亚州州长加文·纽瑟姆（Gavin Newsom）和科罗拉多州州长贾里德·波利斯（Jared Polis）在塑造零工经济和合作社扩展方面的卓越贡献。他们的州政府通过制定法律保护零工劳动者，确保他们享有与传统雇佣相当的福利，并限制平台费用以实现公平的收入分配，从而取得了重大进展。此外，这些州政府还降低了成立劳动者合作社的门槛，进一步促进了合作社企业的发展。事实证明，政府部门与合作社之间的这种共生关系是互惠互利的。地方政府认识到合作社在提供关键服务方面的重要作用，因此提供了补贴和监管支持。这种支持不仅促进了当地经济发展，还有助于减少碳足迹[1]。为了推动平台合作社的发展，波利斯和纽瑟姆政府采取了一系列措施，包括豁免州内卡特尔法[2]的限制以及建立数字合作社互惠折扣系统。州政府还通过税收优惠和补助金，为合作社提供了增长激励政策。在洛杉矶和丹佛等大城市，广告牌在提高立法者和公众意识方面发挥了重要作用，推动了平台合作社在国家乃至国际层面的合作。

到2030年，从西班牙到孟加拉，全球各国政府都逐

---

[1] 碳足迹（carbon footprint）：是指一个人、组织、事件或产品在其生命周期中直接或间接产生的总温室气体排放量，通常以二氧化碳当量（CO_2e）来衡量。碳足迹涵盖了从生产、运输、使用到废弃物处理等各个阶段所排放的温室气体，它是衡量环境影响的重要指标之一。

[2] 卡特尔法（Cartel law），也译作反卡特尔法，通常是指专门针对卡特尔行为的法律规定。卡特尔（Cartel）是指企业之间为了限制竞争而形成的固定价格、限制产量、划分市场的协议或组织。这些法律规定的目的是防止企业通过非法协议来操纵市场价格，损害消费者利益和市场公平竞争。卡特尔法可以被视为反垄断法的一部分，但更具体地聚焦于打击特定的合谋行为。

渐认识到支持向合作社模式转型在政治和经济方面的优势，并将其视为实现气候正义的重要手段。各国政府响应全球工会网络的热情倡导，积极为这些新平台提供资源。这个工会网络已经成为由劳动者主导的平台合作社的主要支持者。反过来，这也促成了众多工会的复兴，并扭转了工会影响力下降的趋势。土耳其裔美国经济学家希梅尔·埃希姆（Simel Esim）曾领导了国际劳工组织的一系列合作社项目。受她的影响，国际劳工组织在秘书长吉尔伯特·F. 洪博（Gilbert F. Houngbo）的指引下，全力支持由劳动者主导的平台合作社事业。国际劳工组织的努力覆盖了多个方面，包括创建开放的、可互操作的基础设施治理模式，通过新组织重新平衡数字权力，以及提高公众在数据和技术决策中的参与度等。

如果将视角转向欧盟，我们会发现欧盟寻求了一条独特的道路，构想出一种既不照搬中国模式，也不盲从美国模式的互联网。这一构想意义重大，因为改造互联网基础设施与创建平台合作社同样重要。值得注意的是，欧盟委员会于2022年9月推出的《数字市场法案》在促进数字经济竞争方面发挥了关键作用。该法案为指定的守门人[1]（即关键平台）设定了规则，强制其公平地对待用户和竞争者。同时，对违规行为实施包括罚款在内的制裁机制，罚款金额最高可达其全球营业额10%。

欧盟效仿印度的先例，于2032年推出了统一的合作

---

[1] 守门人（Gatekeeper），此处指的是在数字市场中具有显著市场影响力的大型平台或公司，它们控制着大量的用户流量和数据，因此在市场上扮演着"守门人"的角色。

社法，为所有成员国树立了标杆。法律学者还制定了平台合作社示范法，对许多国家产生了影响。各国政府逐步更新了陈旧的合作社法律法规，以反映合作社经济日益民主化的现实，以及对新型数字公民制度的需求。这些法律改革解决了平台合作社面临的资金困难，使其能够获得与传统企业相同的资本来源，包括风险资本和私募股权。这些改革创造了公平的竞争环境，使平台合作社能够更有效地参与竞争。

另一个重大进展是基于数字合作社原则的"智慧城市"的兴起。报告特别强调了巴塞罗那首席技术和数字创新官弗兰切斯卡·布里亚的工作。布里亚曾启发全球各城市思考数据主权的问题，尤其是通过城市运营和支持的计程车、电动滑板车和自行车租赁合作社来实现这一目标。巴塞罗那市政府还参与了 Guifi Net 等计划。这些计划为无法接入互联网的人提供合作社运营的 Wi-Fi 服务。数据主权意识的提高，引发了变革性的政治经济转变。而这与约翰·罗尔斯所构想的"财产所有的民主"不谋而合。在这一构想中，社会中的每个人都拥有平等的份额。人们逐渐认识到，有必要寻求一种替代方案，通过将权力下放并归还给劳动者和社区，使他们重新获自主权。

受布里亚工作的启发，市政府已经实施一系列政策，以防止数字城市基础设施和相关数据收集完全转为私人所有和运营。然而，这并不意味着将私营部门排除在外。例如，当自动驾驶车辆作为私营实体投入公共交通服务时，这不仅可以作为将先进技术整合到城市生活的一种方式，还能通过相关政策确保这些车辆产生的数据得以民主化共享,让更多的人公平地访问和利用这些数据。

到2035年,我们有幸得以借鉴数百年来的思想,并得到合作社历史的鼎力支持。越来越多的人开始采用一种多元化的方式来推动变革。他们认识到地方自治主义在实现近期目标和长期目标上的潜力,同时也并未忽视联邦政府的作用。这种方式既承认联邦层面渐进式改革的局限性,也重视地方自治主义的价值。在世界各地的城市中,基层为变革所做出的努力已经带来了切实的变化。

一个积极的发展趋势是人们越来越重视平衡地方参与和中央集权,以在现代世界实现民主。单一民族国家对于有意义的参与来说过于庞大,但在面对全球性问题时又显得过于渺小。在这种背景下,城市反叛联盟(Rebel City Alliance)作为一个进步的城市和市政联盟应运而生,其成员包括印度的喀拉拉邦、意大利的艾米利亚-罗马涅大区、西班牙的巴斯克自治区和加泰罗尼亚、纽约市以及加利福尼亚。该联盟旨在通过推动成员之间的网络建设来扩展和加强这一运动。这些网络促进了数据、工具包和财务模版的互动交流,使这些资源能够在不同城市之间共享并得到有效利用。此外,它们还使得市政府能够跨越国界交流政策成功经验,共同推进技术进步,并充分发挥其集体努力的巨大潜能。

这些合作成果推动了各市政府采取一系列政策措施:首先,通过采购政策给予由劳动者拥有的企业在竞标中的优先权;其次,资助了相关研究,以解决平台合作社面临的法律障碍;再次,为合作社成员提供了特定的社会福利;此外,还编制了免费或低成本场地清单,改善了合作社的运营条件。这些相互促进的政策措施在推动城市合作社运动的发展中发挥了至关重要的作用。

除此之外,詹姆斯·马尔登在其著作《平台社会主义》中对现有平台的非民主性和掠夺性提出了发人深省的论点。马尔登呼吁对这些平台进行重新配置,以创建一个更加公平、公正的社会。他提出的"平台合作主义 2.0"的构想,将合作主义原则与公共部门的治理和资源相结合,旨在实现具有变革性和包容性的数字经济。2035 年,合作社作为公共事业的概念已经得到了彻底的检验和探索。合作社就像供水、供电和通信等传统公共事业一样,为社区提供了不可或缺的基本服务。此外,平台合作社在提供城乡交通服务方面日益显示出其有效性,尤其是在传统服务提供者尚未优先考虑或表现出兴趣的区域。

目前,我们正处于向更可持续的经济体系转型的过程中。这是一项复杂且耗时的工作,预计将需要多年的时间才能完成。在过去半个世纪所取得的进展基础上,该运动应该保持长远的发展视野,致力于构建一个环境可持续、社会公平及经济繁荣的社会。这需要我们从根本上转变商品和服务的生产消费模式。

对合作社运动而言,继续与其他社会运动结盟至关重要,这包括环保主义者、工会活动家、食品正义活动家、女权主义者、社会企业家、数字正义运动支持者、社区技术专家以及投身于公益性科技运动的人员。通过合作和共享成功的政策模版,这些运动能够扩大影响力,激发变革,并为所有人创造一个更加美好的未来。

2035 年,平台合作社运动仍然蓬勃发展,而且没有被贴上任何僵化的意识形态标签。尽管运动中的一些人可能会反对这种做法，但我不是其中之一。平台合作社运动始终向所有支持民主数字经济的人敞开大门，无论他们自认为是社会主义者、隐私权拥护者、开源和自由文化热衷者、无政府主义者、懊悔的无形之手[1]的仰慕者，还是寻求意义的硅谷极客。平台合作社运动不是左派的专属，也不应如此。运动的力量依赖于人们建立符合当地需求和传统，并尊重成员愿望的合作社。尽管如此，我确实认为这场运动应该自豪而坦率地高举团结和社会正义的旗帜。关键在于如何吸引更多的人参与，并推动运动向前发展。然而，真正激励我的是，我们分会在默里·布克钦（Murray Bookchin）、诺姆·乔姆斯基、W.E.B.杜波依斯、萨米尔·阿明（Samir Amin）、古斯塔沃·埃斯特瓦和西尔维娅·费德里奇（Silvia Federici）等人的真知灼见指引下，接受了全新的合作社传统。他们的工作促使我们挑战种族主义和殖民主义制度，并倡导性别平等。历史上，合作主义一直是一个"大帐篷"运动，容纳了多种多样的阵营。归根结底，合作主义的成功更多地归功于其实用性和灵活性，而非共同的政治信条。这一点在2035年依然至关重要。一些合作社是世俗的，另一些则反映了精神价值或宗教信仰。

与此同时，合作社中明显的宗教影响比许多人意识到的更为普遍。纵观历史，合作社总是跟宗教领袖及宗教运

---

[1] 无形之手（invisible hand）：也译作"看不见的手"。这是一种假设的经济力量，在自由竞争的市场中为所有人谋利益。

动息息相关。印度喀拉拉邦乌拉伦加尔劳动合同合作社的创立,与一位名叫瓦格巴塔南达(Vagbhatananda)的精神导师有着密不可分的关系。日本的神户合作社则是由基督教改革家兼劳工活动家贺川丰彦创立的。蒙德拉贡合作社因其创始人、天主教神父何塞·玛丽亚·阿里兹门迪亚里埃塔而闻名,该合作社深深植根于巴斯克和天主教文化之中。许多合作社爱好者都拒绝被贴上"社会主义"这样的标签。

当我带你们穿越到 2035 年的世界时,我也很兴奋与大家分享那些重塑技术格局的新发展。在这一不远的将来,传统金融体系,如 M-佩萨(M-Pesa)、西联汇款(Western Union)和智汇款(Wise),已经被来自加纳、喀麦隆和尼日利亚的加密货币远见者的创新思维所超越。他们的全球速汇(Send Globally)项目利用了比特币的闪电网络,极大简化了资金转移过程,为移民劳动者提供了安全、无国界的交易方式,确保用户能够更好地掌控自己的资金。

国际合作社联盟推出的"合作社手机"项目产生了深远影响。该项目通过全球合作社的协作,集体采购了数百万台在深圳生产并预装了国际合作社应用程序的智能手机。这使得合作社成员能够跨越地理障碍,实现经济高效的互联。这一举措彻底改变了合作社的联结方式,在全球范围内实现了有意义的连接、治理与合作。2030 年,国际合作社联盟扩展了 7 项合作社原则,新增了环境可持续性作为第 8 项原则。此外,他们还讨论了将积极推动多样性、与市政当局建立更灵活的合作模式,以及数据主权作为潜在的新增合作社原则。

同年,国际合作社联盟发起了"数字青年催化剂"(Digital Youth Catalysts)运动,着眼于平台经济中的包容性经济前景,并支持以青年为重点的全球平台合作社孵化器。该项运动强调可再生能源、可持续交通、气候适应力、水资源和废物管理以及包容性城市规划。

一年后,合作社运动实现了一个重要的里程碑。它推出了全球合作社身份标识 CoopID(类似于 OpenID[1]),同时宣布采用公平币(FairCoin)作为合作社的全球加密货币,并且可以通过"合作社手机"实现便捷支付。2014 年,公平币作为一种数字货币,在去中心化的公平合作社(FairCoop)生态系统中崭露头角,它致力于推动公平、社会正义和环境可持续性。在国际合作社联盟的积极参与和管理下,公平币已经巩固了自己作为合作社首选加密货币的地位,帮助合作社摆脱了主流支付网络所强加的高额交易费用,从而实现了无缝且经济高效的交易。

在国际合作社联盟的协调下,合作社数据标准协会(CDCA)致力于推动合作社与其他团结经济企业之间的数据互操作性,促进了公平的数字经济。该协会作为一个中央资源库,不仅促进了合作,还简化了企业运营。

与此同时,脸书、推特、聚友网、AOL 即时通信(AOL

---

[1] OpenID 是一个去中心化的网上身份认证系统。用户不需要记住多个网站的用户名和密码,只需要在一个作为 OpenID 身份提供者(identity provider, IdP)的网站上注册,然后就可以使用这个 OpenID 登录支持 OpenID 的其他网站。这种方式简化了用户身份验证流程,提高了安全性和便利性。

Instant Messenger)、Orkut 和 Vine 等曾经占据主导地位的社交媒体平台，已经逐渐淡出人们的视线。马克·扎克伯格雄心勃勃地进军元宇宙，苹果公司也进行了类似的尝试，但最终都以失败告终，因为这两家公司优先考虑利润，而非用户的真正需求和愿望。这导致人们对科技行业深感失望，并开始寻求其他科技途径。美国学者、作家肖莎娜·祖波夫敏锐地指出，用户开始拒绝自己的"行为剩余"[1]被出售和非市场行为数据被操控，这种态度反映了他们对科技行业日益增长的不满情绪。

在这个变革的数字环境中，一种新的网络社交范式已经出现。独立的"社交媒体群组"应运而生。这些自给自足的群组培育数字空间、促进有意义的对话，并确保信息的自由流动。每个群组都展示出独特的云基础设施，反映了其成员不同的兴趣、需求和价值观。这些群组共同构成了一个庞大的去中心化社交空间网络，为数字领域注入了活力。此外，世界经济论坛的最新报告承认，为互联网和社交媒体建立新的公共基础设施势在必行。这一曾经被视为激进的观点，现在终于得到了应有的关注。

德国和英国已经开始着手打造公共社交媒体平台，这与它们本国公共广播公司——如德国广播公司（AED/ZDF）和英国广播公司——的传统相呼应。这些举措反映了一种集体认识，即我们需要一种重视公共利益的、去中

---

[1] 行为剩余（Behavioral surplus）是一个由哈佛大学商学院的肖莎娜·祖波夫提出的概念，用来描述用户在数字平台上的在线行为产生的数据，这些数据被科技公司收集并用于商业目的，如广告定位等。用户通常不会从这些数据的商业利用中获得直接利益，而公司则通过分析和利用这些"行为剩余"来增加自己的利润。

心化的新型社交媒体范式。

2035年,联邦宇宙(Fediverse)作为一种备受瞩目的新模式崭露头角,迅速吸引了大量关注并得到广泛采用。联邦宇宙代表了由相互连接的社交媒体平台组成的去中心化网络,这种网络改变了数字世界的格局。在People Link、May First和Greenhost等独立运行的小型服务器引领下,联邦宇宙为用户带来了前所未有的控制权,使其能够全面掌控自己的数字通信和个人数据。这种变革性的转变让用户能够重获自主权,并根据他们的价值观和期望塑造自己的数字体验。特别值得注意的是,"女性主义服务器"的出现满足了对安全访问、数据保护和管理女性主义项目的需求,营造了支持女性自主、安全和包容的环境。巴西的女性主义集体组织Vedetas作为典范,体现了联邦宇宙在扶持女性主义技术、加强网络活动和建立包容性数字空间方面的力量。

新联邦宇宙的出现让人回想起互联网早期的社会实验,仿佛重现了那个时代特有的社区感和社交性。霍华德·莱因戈尔德的著作《虚拟社区》(*The Virtual Community*)生动地展示了著名网络社区WELL[1]带来的影响。20世纪80年代,WELL因注重讨论、合作和共同兴趣而闻名。新联邦宇宙标志着互联网向更具包容性和以用户为中心的方向发生了深刻转变。多年来,在用

---

[1] WELL,全称为Whole Earth'Lectronic Link,是一个早期的在线的虚拟社区,它由斯图尔特·布兰德(Stewart Brand)和拉里·布林顿(Larry Brilliant)于1985年创立,最初作为 *Whole Earth Catalog* 杂志的延伸。WELL是互联网历史上最著名的虚拟社区之一,因其独特的文化和对在线社区发展的深远影响而闻名。

户的共同愿景和开发者的辛勤努力下，联邦宇宙经历了显著变革。其友好的用户界面和直观的功能吸引了更广泛的用户群体，使得不同技术水平的个体都能轻松访问。此外，去中心化的审查机制也得到了扩展，使社区能够根据用户主导的价值观和道德准则制定内容审核政策。这确保了平台始终与其多样化用户群体的原则和愿望保持一致。

与此同时，推趣（Twitch）和罗布乐思（Roblox）等流行平台的粉丝也开始亲自采取行动。他们基于合作社模式建立了自己的平台。这样一来，大部分收入不再流入中间商的口袋。他们不再将75%的收入交给罗布乐思，也不再将50%的收入交给推趣。够了！这些由粉丝主导的行动重塑了数字娱乐的格局，并在内容创作者和消费者中培养了主人翁意识。

在集体替代方案兴起的浪潮中，涌现了一波令人瞩目的全球约会应用程序，展现了合作社运动中的另一种精神。其中，爱神合作社（CoopCupid）、同心佳缘（SolidarityMatch）和蜜语合作社（CoopWhisper）作为先驱者，为加里·施特恩加特（Gary Shteyngart）的小说《爱在长生不老时》（*Super Sad True Love Story*）中描述的竞争性约会文化提供了令人耳目一新的替代选择。这些创新的"合作社"约会应用程序优先考虑基于共同价值观、长期目标和同理心的真正联结，将焦点从外表吸引力、净资产和社交媒体人气等表面特质上转移开。正如巴西库里蒂巴的爱神合作社用户玛丽亚所强调的那样，这些合作社约会应用程序为人们提供了一个急需的出路，帮助他们摆脱施特恩加特小说中所描绘的那种具有评判性质的竞争性和排他性约会文化。

我们正在见证一个历史性的活动浪潮，那些对大型科技公司不再抱幻想的设计师和技术专家也加入了蓬勃发展的合作社运动。起初是几十人，然后是数百人，最终数以万计的杰出人才离开了大型科技公司的诱惑，转而在优先考虑集体福祉而非企业利润的合作社事业中施展他们的才华。大批人才离开谷歌等知名科技巨头的原因多种多样。对人工智能应用和用户数据变现的不满，以及对隐私问题的担忧，促使这些人才寻找符合其道德原则的替代方案。加入科技合作社显然是一个更有意义的选择。

随着平台合作社的日益普及，以及人们对其在抗击气候灾难所做贡献的认可，大学内部对合作社的接纳程度也在不断提高。越来越多的学者意识到，劳动者和社区不仅拥有自己的愿景，也具备推动变革的力量。他们现在明白，即使是贫困的移民，也能够有效地运营科技平台。因此，从高中教材到一流大学的经济学系，合作社商业模式已经开始渗透到全球各地的课程当中，培养出新一代的毕业生。这些深受合作社教育影响的毕业生，担任起民选官员、法律学者和倡导者的角色，他们拥有修订那些阻碍合作社经济发展的陈旧法律的能力。

2029年，美国爆发了高等教育史上规模最大的罢工，数万名学术和行政人员在全国范围内参与了罢工。这场罢工不仅提高了新型大学形式的吸引力，还促进了社会对这种新型教育形式的认可，进而催生了基于平台合作社框架的混合型合作社-公立学院。2018年4月在都柏林成立的全球高级研究中心作为首个共同所有的学位授予高等教育机构，为这些混合型平台合作社铺平了道路。此外，加拿大索比商学院的国际合作社管理中心等其他相关教育机构也在推动这种教育模式的发展。其中，肯尼亚合作社大学通过在非洲日益壮大的合作社运动中培养领导者，成为了一支鼓舞人心的力量。基于这些先例和经验，这些新的学位授予院校重塑了高等教育的格局，成为传统模式强有力的替代方案。通过共同治理和集体所有权，这些新型院校已成为牢牢扎根于合作社原则的多利益相关者合作社。授课主要在网上进行，但学生们也会在咖啡馆、酒吧、家中和博物馆里见面。国家或市政当局持有这些平台合作社的非控制性股份，确保这些机构始终坚守其使命。这种模式奏效了！这些学院作为先驱者，不仅联合各院校的师资并整合学习资源，还体现并教授合作社原则。它们已经重新定义了高等教育。这些机构的各个部门以自治的劳动者合作社形式建立，并以自我管理的合作社实体运作。例如，希腊雅典的人民合作社大学，其决策权超越了有限的理事会。"在人民合作社大学，我们正在使用开源的或由合作社拥有的数字化学习平台。是时候这么做了！"人民合作社大学的学生季米特里斯说道。在这个新的教育环境中，教师们已经接受了作为"学习教练"[1]的全新角色，这也为那

---

[1]　学习教练（Learning coach）在教育领域指的是一种新型的教师角色，重点在于指导和支持学生的学习过程，而不仅仅是传授知识。与传统的教师角色相比，学习教练更注重个性化的指导、激发学生的自主学习能力、提供学习策略和资源，以及帮助学生规划和管理他们的学习路径。

些拥有非常规资质的非传统教师敞开了大门。从前那些僵化和线性的传统课程体系，如今已演变为充满活力的学习"单元"。这些单元从简短的两小时模块到全面的三年项目不等，满足了传统学术界以外学习者的多样化需求。退休的专业人士、高中生、初中生以及所有渴望在传统教育界限之外获取知识的人，都在这种创新方式中找到了自己的位置。这些新型教育机构广泛利用维基共享资源（Wikimedia Commons）和古登堡计划（Project Gutenberg）等开放教育资源。它们优先考虑公共资源，确保其研究成果开放共享，造福公众。这是它们使命的基石。

在这封信即将结束时，我承认，虽然近些年来掀起了一场变革浪潮，但我们的反抗仍是局部性的。平台合作社既不普遍适用，也不被普遍理解。在所谓的全球南方，仍有超过30亿人无法获得基本的互联网服务，更不用说高速网络连接了。即便像谷歌字母表公司的"Loon计划"[1]那样雄心勃勃的项目也未能解决这一问题。许多家庭的首要任务是养家糊口，其次是子女教育。只有在这些基本需求得到满足后，他们才会考虑平台合作社的潜力。然而，对女性来说，参与合作社的可行性往往还取决于父权制结构，该结构只允许男性控制家中的电子设备。我们必须认识到，为了争取一个公平、民主的互联网，

---

[1] "Loon计划"：有时也会被翻译为"热气球互联网项目"或"气球互联网项目"。该项目旨在利用高空气球为偏远地区提供互联网接入服务。这个项目通过在平流层放飞携带无线网络信号收发器的气球，组成无线网络，为地面提供互联网接入服务。

我们还必须在社区内争取基本人权、食品安全、性别平等、医疗保健以及教育（包括数字素养等）。当你的食品柜和你的胃一样空空如也时，眼前的需求会远远超过对数据隐私或应用经济的担忧。建立合作社就是挑战关于"财产"和"发展"的陈旧观念，并为社区权利、可持续发展和满足人类基本需求的新叙事做出贡献。这种叙事永远不会是一个完结的故事，而是必须由数百万作者不断书写和更新。

现在正是开始这项工作的时候。2023年与2035年最大的区别在于，大型合作社组织更加明确了自己在支持国际平台合作社以及协调和治理数据方面的责任，尤其是在那些常常缺乏希望的低收入国家。我们希望能够提供让人们和社区相信他们自身的力量、经济价值和经济权利的工具。我相信，到2050年，我们完全有能力构建和培育一个替代平台资本主义的生态系统。这个目标是否令人生畏？是的。不可能实现吗？并不。我们只是需要继续建设必要的基础设施：数据公域、国际平台合作社、支付系统和政府服务系统、社交媒体和分销网络。

与此同时，我们必须推进与地球生态系统及其自然限制相协调的新商业模式的发展。这意味着，除了国内生产总值和财富创造之外，我们还需要找到新的价值衡量标准，一种比美元和欧元更重要的货币。幸运的是，全世界已有数百万人致力于这一愿景，并正开展各种项目以实现这一愿景。如果我们联合起来，汇集所有的技术和智力资源，我们终将能够构建一个与罗伯特·欧文核心理念相契合的世界。"人类唯有通过一种方式，才能永久地享有其天性所能享受的全部幸福。"欧文写道,"那就是所有人为了每个人的利益而团结与合作。"

团结一致
特雷博尔·朔尔茨

尾声　如何创建平台合作社

2019 年，我在巴西利亚的会议发言一结束，就匆匆造访了位于巴西南部的贝洛奥里藏特。它是米纳斯吉拉斯州的首府，也是巴西的第三大城市。刚下飞机，一块巨大的优步广告牌就迎面而来。这个全球共享出行巨头的标志在城市里随处可见。优步的广告布满了无数商业广告位，无数的挡风玻璃上都贴着印有优步公司名的贴纸。看上去，这家公司似乎已经达到了完全的市场饱和。整个城市被铺天盖地的广告所覆盖，这是我在美国没有见过的。无论是经过葡萄牙风格别墅林立的街道，还是穿过满是瓦楞金属和砖块搭成的棚屋的贫民窟，情况都是如此。优步控制着城市里高低起伏的道路、蜿蜒曲折的街道和峡谷。在日落时分，这些街道和峡谷总让我想起斯图加特，又不禁让我想起了旧金山。

我在贝洛奥里藏特一条陡峭的山坡街道——皮坦吉街，参观了库珀出行合作社（Coopertáxi）的办公室。办公室位于一栋混凝土大楼的蓝色瓷砖外墙后面。这座建筑虽然显得有些破旧，但仍自豪地展示着公司的标志，标志上有国际合作社的徽标——两棵松树。松树一直以来都象征着生命力与持久力。合作社徽标的两棵松树代表着合作。树干从圆圈形状的树根生长出来,这个圆圈象征着全球生态系统,而生态系统要依靠合作才能存活。

在库珀出行合作社,一位身穿淡蓝色合作社制服的女士微笑着迎接了我,并带我走进一楼一间中等大小的呼叫中心。在那里,四五名穿着同样制服的员工正在接听电话,将每位乘客与合作社的 400 名持证司机中的一位相匹配。

合作社的主席克劳贝尔·马科斯·博尔热斯(Clauber Marcos Borges)解释说,库珀出行合作社成立于 1984 年,是贝洛奥里藏特历史最悠久的计程车合作社之一。他向我解释时,带着显而易见的满足感,尽管这种满足感表达得非常正式。"我们已经走到了第 34 个年头,到目前为止,我们取得了很大成功。"他宣称,"我们合作社有 438 名员工-所有者,呼叫中心和行政办公室共有 50 名工作人员,每个月为乘客提供约 13 万次乘车服务。我们热爱技术,拥抱技术。我们计划通过解决技术问题来扩大合作社。鉴于通过应用程序下的订单占每月 13 万次乘车的 60%,我们已经将呼叫中心的规模缩减了一半。"

尽管博尔热斯对合作社的发展充满信心和喜悦,但我却为他们感到担忧。非常担忧。我们探讨了他们如何与本市约 1 万名使用主流约车应用程序的司机竞争,尤其是考虑到优步已经开始积极招募失业人员。库珀出行合作社坚决反对雇用无证的失业司机。库珀出行合作社认为乘客会更倾向于选择身着合作社蓝白制服、看起来更专业的司机。

合作社为了应对竞争,向乘客提供了 30% 的折扣。

这一举措显著增加了业务量。然而，如此大幅度的折扣并不可持续。当乘客越来越注重低价时，他们将如何竞争？他们采用什么技术来更新自己的商业模式？他们的创业故事是什么？他们如何与优步的市场营销相抗衡？乘客真的会在意司机的制服或车辆运营许可证吗？

在优步对贝洛奥里藏特发动猛烈攻势的情况下，笼罩在库珀出行合作社头上的这些问题并非个例。全球各地的合作社普遍面临着挑战，有时甚至关乎其生存，但合作社并不总是有能力全面应对或充分思考这些挑战。所有的合作社在某种程度上都是未完成的项目，是对组织社会的替代模式的持续试验。

因此，尽管约翰斯顿·伯查尔（Johnston Birchall）于 1988 年出版的《合作社：人民的事业》（*Co-op: the People's Business*）和《牛津互助、合作和共同拥有企业手册》（*The Oxford Handbook of Mutual, Co-Operative, and Co-Owned Business*）为合作社的运营原则提供了有益的指导，但并不存在永恒不变的规则手册和指南。鉴于技术、社会和经济变革一直在飞速发展，影响每个合作社运营环境的力量不会长期保持不变。我们必须不断更新入门指南，将新的经验教训添加到合作社原则及目标数百年的理论传统之中。

为此，我谨呈现在本书写作过程中获得的一些教训和观察——部分具有普遍性，部分则较为具体。我希望这些内容能够帮助新一代平台合作社落地生根，同时协助老一代合作社采纳新技术，适应时代变迁。为了避免在评论中显得偏颇，我通常避免提及具体的合作社。

故事

一切的开始，总有一个故事。一个扣人心弦的起源叙事对任何数字平台的创始团队都至关重要。讲故事是吸引和保持人们注意力的最简单方法。对于平台合作社而言，你需要一个鼓舞人心且引人入胜的起源故事。也许，你已经有了这样一个故事，即使你尚未意识到。你可能还未发现你的最大优势。在选择起源叙事时，请寻求反馈，了解你的创始故事与他人的有何不同。你可能会惊讶于故事受欢迎的程度，或是惊讶于要付出多少努力才能让它引发强烈的共鸣，从而说服人们支持你的项目。

Start.coop 的创始人格雷格·布罗德斯基（Greg Brodsky）强调，与治理合作社的挑战相比，沟通似乎更像是一项软技能，但这项技能对促进和吸引他人参与合作社至关重要。本质上，一个合作社应该能够清晰地回答一些基本问题，例如为什么存在？谁拥有这家企业以及它的业务是什么？在向不同受众传达这些理念时，清晰而简明的沟通尤为重要。[原注1]

商业为先

在一个让许多人倍感无力的经济环境中，平台合作社提供了一个机会，让人们能够重获主动权，并做出有意义的贡献。管理顾问、作家彼得·德鲁克（Peter Drucker）有一句名言："文化能把战略当早餐吃。"这句话强调了培养强大组织文化的重要性。虽然说"商业能把合作社文化当午餐吃"可能并不完全准确，但这两者无疑是相互关联的。创建合作社这件事充满了希望和可能性，令人兴奋不已。然而，即便有最好的规章制度和对民主流程的共同信念，也未必能防止合作社资金耗尽。创办平台合作社的吸引力在于建立一种社区感和认同感，以及一个强大的商业企业。要想确保成功，最初的关注点应该放在构建一个强大的商业模式上。

一些平台合作社花费大量时间撰写宣言，以表明他们对劳工权利的立场，并把自己和竞争对手区分开来，这固然值得称赞。但我们必须牢记，这些合作社仍然是必须长期生存的企业。知道如何分配收入固然重要，但首先必须具备创造收入的知识和策略，这一点也同样重要。尽管宣布一套独特的原则作为象征性行为很关键，但平台合作社还必须集中精力创建可持续和盈利的商业模式，以继续提供服务并产生积极影响。

合作社文化

许多人都听说过合作社文化，但在目睹其运作之前，可能并不完全了解合作社文化所包含的内容。大多数平台合作社不是源自某一个召集了一群人的企业家，而是始于一个必须学会合作并最终集结成团的群体。合作社文化将合作置于核心，并以共同目标为基础，强调具有自我意识和奉献精神的团队协作。该文化优先考虑合作、民主决策、平等和相互支持，并将成员的集体福祉置于个人利益之上。尽管真正的合作社文化对大多数人而言还比较陌生，但在一些国家和地区，合作社和合作社精神已经融入他们的教育体系，孩子们从小就会被教授合作社价值观和实践。然而，即便在这些地方，也必须积极传授和培养合作社文化，不断通过研讨会和讨论来强调其重要性并加以推广。哪怕在合作主义的圣地，也不能想当然地认为人们对合作社文化有着真正的理解。重要的是不要将合作社文化视为次要因素，而应将其视为任何成功的平台合作社都需要教授和学习的基础组成部分。在里约热内卢举办的平台合作主义联盟大会上，蒙德拉贡大学团队学院的一位领袖强调了一个重要观点："我们不创造合作社，我们创造合作的人。"

全民领导

平台合作社正在促使人们重新审视文化中对有远见的独立创业者和传统领导模式的痴迷。合作社有时被视为无领导的组织，并与奥斯卡·王尔德的一句名言联系在一起："社会主义的问题在于它占用了太多个夜晚。"民主程序虽然对确保公平性和包容性很重要，但也可能更为缓慢，以至于让人们认为合作社行动迟缓。但事实上，大多数平台合作社（与大多数其他合作社一样）都有明确的领导者。平台合作社的组织结构图也许看起来与众不同，致使那些对合作社了解有限的企业狂热分子可能会认为合作社在管理方面"一团糟"，但实际情况却并非如此。合作社的领导者是那些即便在最民主的劳动者合作社中，也有足够的能力和资源能够在合作社运营和发展过程中发挥更大作用的人。他们并不是可怕的全能管理者或办公室暴君。他们只负责主持合作社的工作，执行集体制定的规则。与企业高管不同，这些领导者对员工负责，而员工有权罢免他们，这种情况时有发生。这种问责机制孕育了一种以横向合作为基础的动态关系。这种关系注重成员间的平等协作和相互支持，与传统的层级化、垂直管理关系截然不同。

合作社的领导层，与任何其他企业的领导层一样，也容易陷入职业倦怠。那些充满动力的创始人可能会为了追求崇高的目标对自己施加太多压力，甚至将个人身份和价值与企业的命运深度绑定。因此，平台合作社的领导者需要注重自我关怀，更重要的是要认识到他们本身并不等同于公司。一些合作社甚至依靠自我剥削为生存手段，这种行为应该受到坚决抵制。一些经济条件允许的创始人甚至会休整一整年，然后再回到合作社工作。

还有其他模式。团队创业，有时也被称为"团队创业精神"（teampreneurship），这种在芬兰首创的模式，在团结经济共同体中越来越受欢迎。这种模式指的是一群人为了共同的目标一起工作，并且彼此间工资差距很小。与大多数传统企业的领导层不同，团队创业模式没有等级制度，而是依托团队的集体力量。蒙德拉贡大学的 MTA 实验室[1]采用"团队创业精神"的方式开展商业教育，让

---

[1] "MTA"指的是"Mondragon Team Academy"（蒙德拉贡团队创业学院），它是一个国际性的社区，由 2 500 多名团队企业家组成，他们共同创造着一个全球性的社交创新生态系统实验室网络。MTA 通过其实验室（Labs），为学生提供亲身参与管理各个方面的经验，并教授解决问题、批判性思维和冲突解决技能。这些实验室不仅是物理空间，更是创意流动、创新繁荣和共同创造出现的地方。

学生在管理的各个方面都收获了实践经验，并培养了他们解决问题、批判性思维和化解冲突的技能。团队创业精神涉及承担风险，并致力于实现共同目标，同时特别关注经济、环境、社会和精神层面。MTA 的团队创业教育结合了轮换领导制，鼓励自我组织的个体主动采取行动。此外，这种教育模式还赋予团队成员创意灵活性，使他们能够共同学习和成长，而这在传统的企业环境中往往是缺失的。

凯瑟琳·索伯林（Katherine Sobering）在其著作《人民的酒店：在阿根廷为正义而工作》（*The People's Hotel: Working for Justice in Argentina*）中，深入探讨了鲍恩酒店的轮换领导制。鲍恩酒店是一家劳动者合作社，在 21 世纪初的十年间在布宜诺斯艾利斯经营一家豪华酒店。酒店的员工，包括客房服务员、前台接待、会计、厨师和调酒师等，会轮流担任不同的角色，旨在避免职业倦怠的同时鼓励技能发展。尽管鲍恩酒店最终停业，但其作为劳动者合作社长达 10 年的运营经验表明，通过轮换工作岗位，不仅可以有效促进团队合作、技能发展，还能营造一个可持续且健康的工作环境。尽管目前轮换领导制在平台合作社中并不普遍，但这种做法可以让团队成员依赖彼此的长处，增强团队内部的信任和沟通，从而极大地惠及合作社。

从选对伙伴开始

人们常说，创建成功的企业，往往从选对伙伴开始。对于平台合作社的创始人而言，这意味着从选对他们希望最终共事的人开始。如果推动社会正义和多样性是一个组织的使命，那么从组建之初就应该在团队构成中体现这一使命。拥有共同目标和多样化技能组合的小型创始团队往往最具创新性。然而，仅凭共同理想或友谊而忽视互补技能而组建的合作社团队，可能难以实现高效的团队协作。有时，朋友之间可能会萌发一个绝佳的创意，并成功筹得资金，但这并不意味着他们就是将该创意付诸实践的最佳团队。成功的合作社既需要共同的目标，也需要多样化的技能组合。

一个多样化的团队能够带来不同的观点、经验和技能，这些都有助于更好地实现目标。如果你希望最终拥有一个包含少数族裔成员的团队，你应该从一开始就这样做。一个能够代表服务对象群体的团队，有助于建立信任和信誉。简言之，要建立一个成功的平台合作社，从一开始就必须组建正确的团队。

加入现有的社会特许经营或联合会 VS 从零开始

创业需要决定是从零开始还是加入现有的特许经营或联合会。加入现有的组织或联合会有诸多优势，比如可以利用共享的数字基础设施、复制已验证的成熟商业模式，以及成为支持性社群的一部分，从而获得扩大人际网络的机会。通过采取国际主义的方法，合作社能够共享资源、专业知识和最佳实践，为平台合作社与大型跨国企业竞争创造一个更加公平的竞争环境。作为一名国际主义者，你可能需要克服语言和文化差异，走出自己的舒适区。短期内，在当地寻找技术团队或许更为便利。但这种本地化的方法可能会限制你从大型联合会获得资源和支持，而这对长期发展至关重要，因为小型本地技术团队可能无法提供同等水平的资源和持续支持。

从零开始创业可能极具挑战性，尤其是在你的当地环境独特，无法将业务转移到其他地区、合作社或国家的情况下。然而，在"平台合作社，即刻起航！"课程中，我们发现，来自60多个国家的1 300名学生中，有数十人表示有兴趣在他们当地创办短租、送餐或约车平台。令人惊讶的是，许多人都默认他们必须从零开始自主开发软件。此外，从零开始构建平台和创建治理结构不仅会耗费大量时间，还可能涉及巨额开销和潜在风险。

低收入国家的平台合作社，尤其是由女性经营的平台合作社，在科技行业往往面临更大的成功阻碍。这就是为什么位于圣保罗的赛诺丽达速运（Señoritas Couriers）——一家为黑人"LGBTQIAP+"女性群体服务的平台合作社，正在考虑加入共享服务合作社库普赛克。通过采用国际主义的方法，并对模式复制和社会特许经营持开放态度，合作社能够继续专注于其核心使命和价值观，而不是被技术和行政琐事分散注意力。在拉丁美洲及其他地区，平台合作社将呈现出不同的特色。它们将专注于提供获取医疗保健和教育等基本服务的途径，而这些服务在当地往往相当匮乏。

在非洲，由于手机普及率高而互联网接入有限，平台合作社可能会依赖基于短信的服务；在印度，专为单个村庄设计的超本地化应用程序有望取得成功。[原注2]而通过

"南南合作"[1],可能会出现专门服务女性和其他边缘化群体的合作社。尽管每个地方的情况不尽相同且各具特色,但事实证明,加入成熟的合作社联盟或平台往往是最有利的选择,因为它能提供共享的数字基础设施和资源。

创业寻路

创建平台合作社没有通用的方案,最佳方案往往会根据需求、可用资源和国家的不同而发生变化。不过,在创建自己的平台合作社之前,未来的创业者们应当牢记以下几点。

未来的合作社创始人应当记住,并非所有的创业之路都是相同的。例如,英国合作社联盟(CooperativesUK)的"未发现计划"(UnFound)为英国新兴的平台合作社创业者提供了一个名为"创始人之旅"(Founder Journey)的发展工具。[原注3]

而创业之旅始于一个稳固的创始人团队,这个团队需要具备应对各种挑战的技能。其次,明确你的合作社的宗旨和业务模式,并确定成员、员工、供应商和客户等利益相关者。然后,根据你的需求选择最佳的合作社结构。

如果你想让员工拥有所有权和治理权,增强他们的控

---

[1] 南南合作(South-South cooperation)是一个在国际发展和外交关系领域中广泛使用的术语,它指的是发展中国家之间的互助合作。这个概念强调的是地理上位于南方(相对于发达国家所在的北方)的国家之间的合作,目的是促进共同的经济、社会和文化进步。

制感和责任感,那么可以考虑成立劳动者合作社。多利益相关者合作社和劳动者合作社是推动社会正义的不二选择。然而,你还需要决定是否希望使用你服务的人也成为合作社成员,例如那些接受你照护的人或播放你音乐的人。请记住,劳动者合作社需要劳动者的积极参与,这意味着团队中的每个人都必须全情投入。

在做出决策的同时,最好开始在社交媒体上打造存在感,从而提升合作社的知名度,吸引潜在成员。一旦确定了商业策略和合作社结构,接下来就该组建董事会和注册合作社了。同时,这也是启动微网站、创建低成本原型并招募用户进行测试的绝佳时机。

"未发现计划"建议,下一步是筹集第一笔资金,这可以通过基于商业案例的赠款、贷款或投资来实现。美国机构 Start.coop 补充强调,一个经过社区验证的商业策略,对于向投资者证明你能够实现你的雄心壮志尤为关键。

接下来,组建核心团队,明确内部运作。启动基于奖励的众筹活动,并打造最小可行产品(MVP)。然后开始接收新成员,并产生收益。一旦你在组织里明确了角色分工并建立了企业形象,扩大业务规模就会成为一个可行的选择。然而,这将需要吸纳更多的成员、创造更多的收入。在做出决定之前,请慎重权衡扩大规模的风险和回报。

筹集资金

尽管与获得风险资本支持的初创企业相比,为平台合作社筹集启动资金更具挑战性，但仍可通过多种途径实现。由员工拥有的平台合作社可以通过向员工出售股份来筹集资金，但这种方法通常不适合筹集大额资金。对平台合作社来说，众筹不仅是一种有效的筹资途径，还能让所有利益相关者从中受益。慈善捐助、政府（尤其是市政）拨款、贷款（特别是来自合作社银行的贷款）以及外部投资也是可行的资金来源。一些成功的平台合作社甚至在引入外部资本的同时，保留了对其业务的控制权。

Start.coop 的创始人布罗德斯基强调，尽快向员工-成员支付足够的薪酬是确保合作社长期生存的关键。诚然，人们出于理想主义支持平台合作社的生存和发展，但是他们同样需要支付房租或按揭贷款，承担日托费用，并为退休储蓄。团队及其对合作社所投入的时间，以及他们代表的知识产权，很可能是你最宝贵的资产。你应该避免让他们在个人财务稳定和参与合作社之间做出抉择。因此，你必须尽快向团队支付有竞争力的薪酬。[原注4]

英国奈斯塔创新基金会（Nesta Foundation）2019 年的报告《平台合作社解决资本难题》（"Platform Cooperatives Solving the Capital Conundrum"）提议，利用社会影响力债券和社区股份来筹集与价值观一致的长期风险资本。报告认为，通过适当的资金组合，平台合作社有潜力创造一个更加公平的经济体系。

平台合作社可能不会像典型的硅谷初创企业那样获得风险资本的支持，但对绝大多数科技初创公司来说，情况也是如此。影响力风险资本投资者[1]更倾向于资助那些能够带来显著市场回报的传统初创企业。因此,对平台合作社而言,发展对当前问题充满热情的志同道合者社群至关重要,此外,考虑是否接受来自投资者的非控股股份,也是一个值得探讨的议题。

注册公司

为初创公司选择合适的注册地点至关重要。你应该寻找那些基础设施完善、能够支持合作社的地区,如印度的喀拉拉邦、意大利的艾米利亚-罗马涅大区、新西兰、西班牙的巴斯克地区、芬兰或肯尼亚。在美国,科罗拉多州和威斯康星州出台了有利于平台合作社的立法。不过,一些平台合作社选择迁往更有利的地点。例如,斯托克西联合社迁至加拿大的温哥华,因为那里的法律和监管环境更适合其特定业务。

选择一个有利的环境对平台合作社的成功至关重要。你应该寻找那些合作社密集、能提供强大基础设施支持的地区。同时,你需要评估资金、网络机会和教育计划等资源的可用性,以及地方政府对合作社的态度。在政策环境不利的地区,你也可以考虑成立有限责任公司。

在美国和世界其他地区,平台合作社经常以有限责任

---

[1] 影响力风险资本投资者(Impact venture capitalists)指的是那些专注于影响力投资的风险资本家,他们不仅追求财务上的收益,还注重投资对社会或环境产生的正面影响。这类投资者通常会选择那些能够解决社会问题、改善环境状况或促进社会进步的企业或项目进行投资。

公司的形式运营，即便它们自称是劳动者合作社。虽然最理想的情况是成立由劳动者拥有和经营的合作社，但法律、文化和政治上的障碍使得这一目标往往难以实现。例如，在一些非洲国家，合作社可能会与腐败问题联系在一起。因此，重要的是认识到这些挑战，并探索仍能坚持合作社原则的其他组织架构。

近年来，有限责任公司模式在小型企业中越来越受欢迎，原因显而易见。有限责任公司形式灵活，创始人可以根据自己的具体需求定制企业结构。例如，有限责任公司模式可以设定不同的成员类别以满足不同参与者的需求，并且它还可以被精心打造为平台合作社。我们应当利用有限责任公司的灵活性来推动由劳动者拥有和经营的企业的发展。

然而，将企业注册为合作社往往被视为唯一目标。合作社的支持者、工会领袖或倡导者经常陷入哪种组织模式和技术更为优越的争论中。无论是合作社、工会、员工持股计划，还是去中心化自治组织等等，每种模式都不乏其拥护者和批评者。但最重要的不是组织形式或技术解决方案，而是其为人们带来的成果。以一种近乎宗教般的狂热和狭窄的视野来推动某个单一模式的发展，并不会有所帮助。蒙德拉贡的创始人阿里兹门迪亚里埃塔常说："人是第一位的，其次才是合作社。"换句话说，人的福祉是我们的首要目标，而合作社只是实现这一目标的手段。归根结底，任何组织模式的成功与否，都应以其改善人们生活水平的能力为衡量标准，与其是合作社、工会还是其他组织形式无关。

共同设计

"建好了,他们就会来。"这句话在创业者中广为流传,但往往并不准确。一群极具魅力且设计技艺精湛的活动家,试图在自己的城市里建立一个平台合作社生态系统,却因忽视了当地社区的需求而遇到了重重困难。他们的经历突显了从一开始就应该让所有利益相关者参与的重要性。许多平台合作社的创始人都致力于为边缘化或服务不足的社区提供支持。然而,在任何情况下,都必须确认存在对所开发平台的真实需求。从一开始就与潜在的利益相关者接触,并在平台设计之初就考虑他们的需求,这对确保平台的成功至关重要。

让利益相关者参与设计过程,以确保平台合作社得到社区的支持。与风险资本资助的初创企业不同,合作社往往将其目标用户群体纳入成员之中,并确保组织的宗旨与其所服务的社区保持一致。如果缺乏适当的参与和共同设计,初创企业很有可能遭遇失败。

对等生产许可证 [1]

尽管合作社有潜力保护和创造共有资源,但它们却往往未能完全实现这一理想目标,这在第六条合作社原则中也有所体现。平台合作社与大多数合作社一样,通常在版

---

[1] 对等生产许可证(Peer production licenses,简称 PPL)是一种特定类型的许可证,用于管理和保护开源软件或其他共享资源的使用和分发。

权体系下运作，使用专有软件。此外，一些平台合作社有时会局限于其成员内部，而不是向全球社区开放。[原注5]在软件方面，可选的类型从自由和开源软件、源代码可用软件到专有软件不等。在企业初创阶段，平台合作社的创业者可能难以开发出完全符合其价值观的产品。因此，一些创始人采用了对等生产许可证。流行的对等生产许可证包括"反版权"（CopyLeft）和"知识共享+"（CC+）。

其运作方式如下：库普赛克等平台合作社通过利用源代码可用软件的对等生产许可证限制软件的商业用途，例如，仅限劳动者合作社使用。对等生产许可证的一个好处是可以保护合作社免受企业竞争对手的滥用。因此，这些许可证在鼓励合作社开放其代码而不必担心被现有企业侵占方面发挥了重大作用。

司机合作社的创始人最初发现，自己使用的是与他们的价值观不太相符的商业专有软件。[原注6] 2020年5月，这家总部位于纽约市、拥有9 000名司机的平台合作社在创建之初，就花费6 000美元购买了一个"优步山寨版"（Uber Clone）的源代码。他们可以使用和修改该源代码，但不能将其作为开源软件发布。[原注7]在根据自身需求修改后，该代码虽然仍未达到理想的状态，但也足以启动并发展业务。司机合作社不断发展壮大，并在2020年暂时转向"无障碍交通服务"（Access-a-Ride）。该服务是1980年在纽约市启动的一个试点项目。当时，纽约大都会运输署因未能为残障人士提供足够的支持而遭到起诉。自此，"无障碍交通服务"便成为14.4万行动不便的纽约人不可或缺的服务，每年约提供600万次出行。[原注8]司机合作社最初通过使用基础软件实现盈利，但随后对其应用程序重新编码，转向了更具竞争力的模式。尽管司机合作社的案例并不适用于所有行业，但它突显了通过采用简单且经济高效的方法来获取基础代码和软件，而不是从零开始编写代码或购买昂贵的白标软件[1]，就有可能节省数10万美元。

创业时，明智的做法是考虑自身的财务资源，从较轻量级的技术开始。思考你在运营首日的核心需求，与现有平台合作或租赁技术，以便在不倾家荡产的情况下启动业务。保持灵活性和适应性，因为随着企业的发展，你的功能配置和设计可能会经历多次调整。在初创阶段，应专注于业务的核心功能，将更宏大的计划暂时搁置。最后，对于那些在周末黑客马拉松期间提出无偿开发网站的好意，切记学会婉拒。

区块链适合你吗？

区块链产业经常与诈骗犯联系在一起，但越来越多的开发者正在创建一些能够产生积极影响且令人印象深刻的Web3项目。尽管骗局依然存在，但对于那些投身于加密货币项目的人来说，机会也依然存在。然而，决定是否在

---

[1] 白标软件（White-label software）是一种软件分发模式，其中原始的软件产品被重新包装和品牌化，以符合另一家公司的特定需求。这种软件通常由原始开发者设计，但在市场上销售时，会以购买公司的品牌名称出现。在白标软件的模式中，原始软件的所有者或开发者允许其他公司在软件上贴上自己的标签即品牌。这样，购买公司可以将软件作为自己的产品提供给最终用户，而不必自己开发。

区块链上构建项目并非易事。

像以太坊（Ethereum）这样的区块链常常被誉为颠覆性的创新，具有彻底改变各行各业的潜力。然而，在考虑是否将区块链技术用于你的合作社时，关键是要透过表面的宣传，深入评估其潜在的优势。在做出决策之前，你需要确定你所在的行业是否存在任何具有实际功能的区块链项目，并仔细权衡不同编码选项的利弊。总之，将这些因素纳入考量有助于做出明智的决策。虽然"区块链"这样的时髦词汇可能有助于申请资助并获得先发优势，但如果资金有限，区块链可能并不是合作社的最佳选择。

决定由谁决策

合作社的治理模式多种多样，各有利弊。在直接民主模式中，合作社的每位成员对所有决策都有发言权；而在代议民主模式中，成员选出代表替他们做出决策。对大型合作社来说，直接民主模式可能会太过耗时而难以实施，还可能导致"多数人暴政"，即多数人的偏好强加于少数人。在大多数平台合作社采用的代议制民主模式中，成员选举代表替他们做出决策，其中既包括组织战略等宏观决策，也包括日常运营等微观决策。为了防止过度的官僚主义，通常需要下放微观决策权。然而，这种权力下放必须与需要集体参与的宏观决策相平衡。例如，在食品合作社中，董事会可能会将销售哪些新产品的决定权下放给委员会，但是否开设新店则需要全体成员投票决定。直接民主模式可以提高成员的参与度，但代议民主模式更为高效。

关键在于找到适合你的合作社的平衡点。

许多平台合作社采用"全员参与制"（sociocracy）作为其治理模式，旨在促进决策过程的透明和平等。全员参与制将成员分成若干个小组，每个小组都有自己的职责和责任。这些小组采用基于同意的决策方式，通过处理和解决异议，达成所有成员都能接受的提案。

合作社中的委员会和合作社大会是培养成员主人翁意识和参与感的另一种有效途径。这对于规模较大或遍布全球的平台合作社尤为重要，因为其成员很容易感到疏离。此类委员会和大会有助于促进更具包容性和协作性的决策过程。在此过程中，成员可以自愿参与，并随着时间的推移更多地参与合作社的工作。该模式促进了成员之间的责任共担，培养了更深层次的社区和协作意识，而不是仅仅聚焦于几位合作社领导人的选举。

拥抱失败

创业生活并非易事，这早已不是秘密。启动和维持一家新公司困难重重，时刻面临着资金问题和失败的风险。虽然众所周知，硅谷 90% 的初创企业都会失败，但合作社的成功率更低。然而，合作社失败的原因与普通企业无异：商业模式不完善、执行有缺陷、缺乏技能或经验，以及资金和时间不足。重要的是要从失败中学习，并珍视其中蕴含的教训。日本的金缮（kintsugi）艺术利用金粉修复破碎的陶器，使修复痕迹成为艺术品的一部分，将不完美转化为一种新的美。合作社应从金缮艺术中汲取灵感，将失败看作是学习和成长的契机。平台合作社应当接纳失败，并将其视为不断迭代、不断尝试、不断从有效方法中学习的循环过程。

走出阴影

尽管合作社以其成员间的集体互助合作而闻名，但它们也具有政治层面的意义。合作社在培育基于公平原则的经济中占据着独特的地位，从而自然地推动了政治愿景的实现。我们的一举一动都具有政治性。在政治问题上保持沉默意味着与现行权力结构同流合污，因为没有人能完全置身于政治格局之外。如果你用"文化倒置机"[1]将工会置于顶端，最终可能会发现合作社处于底端，因为合作社往往更内向，可能不会主动对外展示自己的价值观。合作社应当积极向外宣传其价值观，并与政党和各种运动建立合作。它们甚至可以考虑成立合作社政党或加入更广泛的全国和全球运动，共同推动公平与正义。同时，合作社应保持财务独立，避免过分依赖基金会、政府和慈善机构。现在是我们走出阴影、拥抱责任，并通过我们自己的选择积极塑造未来的时候了。

---

[1] 文化倒置机（cultural inversion machine）是一个虚构的概念，用来描述一种想象中的设备，可以将文化中的某些元素或价值观进行颠倒或倒置，以便观察事物的不同角度或透视文化的反面。这个概念在文学、艺术和社会科学领域中经常被用作一种思维工具或隐喻。

致谢

我想感谢这场运动中的每一个人,感谢你们日复一日的努力,让我们的世界变得更有尊严、更人道、更宜居,是你们给了我希望。在此,我衷心感谢那些接受我采访的人,他们每个人都为促进数字经济中的劳动者所有权做出了巨大贡献。

我要特别感谢沃索出版社的利奥·霍利斯和珍妮·陶,感谢他们的鼓励和敏锐的建议。我还要特别感谢伯格鲁恩研究所、开放社会基金会和哈佛大学伯克曼克莱因互联网与社会研究中心,感谢他们在奖学金和知识界社群方面给予我的慷慨支持。除此之外,我还非常感谢何塞·玛里·卢萨拉加·莫纳斯泰里奥和艾托尔·利萨尔萨·马丁,感谢他们邀请我去蒙德拉贡大学居住,让我有机会拓宽对合作社文化的理解。感谢蒂姆·马歇尔和玛丽·沃森在我的学术基地——新学院,给予了我无价的支持。

罗格斯大学的约瑟夫·布拉西一直是我慷慨的友人和导师。此外,如果没有穆尔希德·曼南、贾森·斯派塞、弗雷德·弗洛因德利希、阿曼·巴迪亚、阿丽莎·夸特、亚历山大·扎伊齐克、兰德·希门尼斯·奥西奥及许多其他人的仔细阅读和评论，这本书也不可能完成。最后，我衷心地感谢我的伴侣珍妮·佩林，我们的孩子艾玛和奥利佛，以及我们最宠爱的猫咪伙伴——埃利和弗朗基，感谢他们矢志不渝的爱。

原　注

1. Alternative Paths

[1] Mohammad Amir Anwar, Elly Otieno, and Malte Stein, "Locked In, Logged Out: Pandemic and Ride-Hailing in South Africa and Kenya," *Journal of Modern African Studies*, November 14, 2022, 1–22.

[2] Raymond Williams, *Towards 2000 — A Stimulating and Vigorous Assessment of the Choices That Face Our Society*, New Ed edition (Harmondsworth:Penguin, 1985), 105.

[3] Noam Chomsky, "Platform Co-Ops Now with Noam Chomsky," Internet Archive, March 23, 2021, archive.org.

[4] MSI Integrity, *Not Fit-for-Purpose: The Grand Experiment of Multi-Stake holder Initiatives in Corporate Accountability, Human Rights and Global Governance* (Berkeley, CA: MSI Integrity, July 2020).

[5] Chomsky, "Platform Co-Ops Now with Noam Chomsky"; Gaston Leval, *Collectives in the Spanish Revolution* (London: Freedom Press, 1975).

[6] "Public Trust in Government: 1958–2022," Pew Research Center, June 6, 2021, pewresearch.org.

[7] Yochai Benkler, *The Wealth of Networks* (Yale University Press, 2008), 275.

[8] Jonathan Michie, Joseph R. Blasi, and Carlo Borzaga, "Introduction and Overview," in *The Oxford Handbook of Mutual, Co-Operative, and Co-Owned Business*, ed. Jonathan Michie et al. (Oxford University Press,2017).

[9] "Household Internet Access: Number; 2019," Citizens' Committee for Children of New York (CCCNY) Database, data.cccnewyork.org.

[10] "Platform Co-Op Directory," Platform Cooperativism Consortium,directory.platform.coop.

[11] "Cooperative Identity, Values and Principles," International Cooperative Alliance Coop, ica.coop.

[12] Mark Mather, Linda A. Jacobsen, and Kelvin M. Pollard, "Aging in the United States," *Population Bulletin* 70, no. 2 (2015).

[13] PHI, *U.S. Home Care Workers: Key Facts* (New York: PHI, 2019).

[14] "Labor Commissioner's Wage Theft Lawsuits against Uber and Lyft,"State of California Department of Industrial Relations, updated October 2020, dir.ca.gov.

[15] "Mission Statement," Park Slope Food Coop, foodcoop.com.

[16] Alexandra Schwartz, "The Grocery Store Where Produce Meets Politics,"*New Yorker*, November 25, 2019.

[17] R. Trebor Scholz, "Platform Cooperativism vs. the Sharing Economy, " *Medium*, December 5, 2014.

[18] Marjorie Kelly, *Owning Our Future: The Emerging Ownership Revolution, Journeys to the Generative Economy* (San Francisco: Berrett-Koehler Publishers, 2012).

2. Worker Ownership for the Digital Economy

[1] Julia Wolfe et al., *Domestic Workers Chartbook* (Washington, DC: Economic Policy Institute, 2014), 6–15.

[2] Linda Burnham and Nick Theodore, *Home Economics: The Invisible and Unregulated World of Domestic Work* (New York: National Domestic Workers Alliance and Center for Urban Economic Development, 2012), 21.

[3] Cirenia Dominguez, "Celebrating a Great Business Model for Immigrants on International Women's Day," *NYN Media*, March 8, 2018.

[4] International Cooperative Alliance, "Aroundtheworld.Coop #8, Up & Go, New York, USA," ica.coop.

[5] "Business Roundtable Redefines the Purpose of a Corporation to Promote 'An Economy That Serves All Americans,'" Business Roundtable, August 29, 2019.

[6] Marc Benioff, "Marc Benioff: We Need a New Capitalism," *New York Times*, Opinion, October 14, 2019.

[7] George Skelton, "It's No Wonder Hundreds of Millions Have Been Spent on Prop. 22. A Lot Is at Stake," *Los Angeles Times*, October 16, 2020.

[8] Zephyr Teachout, *Break 'Em Up* (New York: St. Martin's Publishing Group, 2020).

[9] "Who Owns Big Business: The Rise of Passive Investors (@uvaCORPNET),"YouTube video, posted by Social Science Research/University of Amsterdam, November 3, 2016.

[10] Jim Clifton, "The World's Broken Workplace," Gallup, June 13, 2017; Abha Bhattarai, "4.3 Million People Quit Their Jobs in January," *Washington Post*, March 9, 2022 (nearly 50 million Americans quit or changed jobs in 2021).

[11] Dave Zirin, "Those Nonprofit Packers," *New Yorker*, January 25, 2011.

[12] "What Is Employee Ownership?: Employment Stock Ownership Plans (ESOPs)," National Center for Employee Ownership (NCEO) webpage, nceo.org.

[13] Reuters and SCMP Reporter, "Huawei Pays Out US$9.65 Billion in Dividends to Current and Retired Staff," *South China Morning Post*, April 5, 2022.

[14] Trebor Scholz et al., "Policies for Cooperative Ownership in the Digital Economy," Platform Cooperativism Consortium, December 6, 2021.

[15] Panu Kalmi, "The Disappearance of Cooperatives from Economics Textbooks," *Cambridge Journal of Economics* 31, no. 4 (July 2007):625–47.

[16] Trebor Scholz, Doug O'Brien, and Jason Spicer, "Can Cooperatives Build Worker Power?: Give Platform Co-ops a Seat at the Policy Table," *Public Seminar*, March 11, 2021.

[17] Massimiliano Nicoli and Luca Paltrinieri, "Platform Cooperativism: Some Notes on the Becoming 'Common' of the Firm," *South Atlantic Quarterly* 118, no.4 (2019): 801–19.

[18] Up & Go worker, interviewed by author.

[19] Morshed Mannan, "Theorizing the Emergence of Platform Cooperativism: Drawing Lessons from Role-Set Theory," *Ondernemingsrecht* 2(2022): 64–71.

[20] Linda Burnham and Nick Theodore, *Home Economics: The Invisible and Unregulated World of Domestic Work*, National Domestic Workers Alliance and Center for Urban Economic Development, 2012, 21.

[21] Wolfe et al., *Domestic Workers Chartbook*, 6–15.

[22] Frank G. Runyeon, "Immigrants Fuel the Rise of Worker Cooperatives," *NYN-MEDIA*, November 7, 2016.

[23] Jessica Gordon Nembhard, *Collective Courage: A History of African American Cooperative Economic Thought and Practice* (Pennsylvania State University Press, 2014), 1.

[24] Joseph R. Blasi, Douglas L. Kruse, and Richard B.Freeman, *The Citizen's Share: Reducing Inequality in the 21st Century* (New Haven, CT: Yale University Press, 2014), 191.

[25] Shoshana Zuboff, *The Age of Surveillance Capitalism: The Fight for a Human Future at the New Frontier of Power* (New York: PublicAffairs, 2019).

[26] "Sobre Mensakas" [About Mensakas], Mensakas, mensakas.com. See also "Qui Som" [Who are we?], Intersindical Alternativa de Catalunya (IAC), iac.cat.

3. Solidarity at Scale

[1] Ernest Fritz Schumacher, *Small Is Beautiful: Economics as if People Mattered* (New York: Harper Perennial, 2014).

[2] José van Dijck, Thomas Poell, and Martijn de Waal, *The Platform Society: Public Values in a Connective World* (New York: Oxford University Press, 2018), 30.

[3] For more on this discussion, see Michele-Lee Moore, Darcy Riddell, and Dana Vocisano, "Scaling Out, Scaling Up, Scaling Deep: Strategies of Non-profits in Advancing Systemic Social Innovation," *Journal of Corporate Citizenship* 58 (June 2015): 67.

[4] Jonathan Garlock, "Knights of Labor History and Geography 1869–1899," Mapping American Social Movements Project, University of Washington, depts.washington.edu/moves.

[5] Trebor Scholz, "PCC & Mondragon University Offer Online Course to Incubate Platform Co-ops," Platform Cooperativism Consortium, May 20, 2020.

[6] Jason S. Spicer, "Exceptionally Un-American? Why Co-Operative Enterprises Struggle in the United States, but Scale Elsewhere," (Phd. diss., Massachusetts Institute of Technology, 2018), 53.

[7] J. David Goodman, "Amazon Pulls Out of Planned New York City Headquarters," *New York Times*, February 14, 2019, nytimes.com.

[8] "AOC to Bezos, Billionaires: We Don't Want Your Money, But Your Power," YouTube video, posted by Tea Partiest, January 22, 2020. I co-authored an article with Casper Gelderblom discussing this: See Trebor Scholz and Casper Gelderblom, "Building an Alternative to Amazon? Toward a Planetary-Scale, Pluralist Commonwealth for the Digital Economy, " *Public Seminar*, May 14, 2021.

[9] Ibid.

[10] Jack Kelly, "Senator Elizabeth Warren Says 'It's Time to Break Up Amazon, Google and Facebook'— and Facebook CEO Mark Zuckerberg Fights Back," *Forbes*, October 2, 2019; Mike Davis, "How to Save the Postal Service," *Nation*, April 6, 2020.

[11] Neal Gorenflo, "How Platform Cooperatives Can Beat Death Stars Like Uber to Create a Real Sharing Economy," shareable.net, November 4, 2015.

[12] Stacco Troncoso, in discussion with the author, July 22, 2020, and January 8, 2021.

[13] Leo Sammallahti, "Maybe I'm biased because I'm in Finland where cooperatives have managed to outcompete their rivals . . .," Facebook, February 24, 2021.

[14] See Deborah Gage, "The Venture Capital Secret: 3 out of 4 Start-Ups Fail," *Wall Street Journal*, September 20, 2012. See also Tom Eisenmann, "Why Start-Ups Fail," *Harvard Business Review*, September 17, 2021.

[15] Federica Poli, *Co-operative Banking Networks in Europe: Models and Performance* (Cham: Palgrave Macmillan, 2019), chapters 1 and 9.

[16] Gar Alperovitz, Thad Williamson, and Ted Howard, "The Cleveland Model," *Nation*, February 11, 2010.

[17] Franco Mosconi and Andrea Montovi, "The 'Emilian Model' for the Twenty-FirstCentury," paper prepared for the 12th European Network on Industrial Policy (EUNIP) International Conference, Faculty of Economics and Business, Universitat Rovira i Virgili, Reus, Spain, June 9–11, 2010.

[18] Reiner Wandler, "Amazon auf Katalanisch" [Amazon in Catalan], *Die Tageszeitung*, February 3, 2021, taz.de.

[19] Juliet Schor, *After the Gig: How the Sharing Economy Got Hijacked and How to Win It Back* (Oakland: University of California Press, 2020), 170.

[20] "Jeremy Rifkin: Co-Op Models Could Lead the Digital Revolution," International

Cooperative Alliance, October 27, 2016, ica.coop.

[21] Cited in Zephyr Teachout and Bernard Sanders, *Break 'Em Up: Recovering Our Freedom from Big AG, Big Tech, and Big Money* (New York: All Points Books, 2020), 299.

[22] Nick Srnicek, *Platform Capitalism* (Cambridge: Polity, 2019), 127.

[23] Helen Scott, ed., *The Essential Rosa Luxemburg: Reform or Revolution and the Mass Strike* (Chicago: Haymarket Books, 2008).

[24] Schor, *After the Gig*, 42.

[25] "What Is a Co-Op? Definition of a Cooperative Business," NCBA CLUSA, February 2021.

[26] Virginie Pérotin, *What Do We Really Know about Worker Co-operatives?* (Manchester, UK: Co-operatives UK, November 19, 2018), 5.

[27] Hyung-sik Eum, *Cooperatives and Employment Second Global Report 2017* (Brussels: CICOPA, 2017), 85.

[28] Dave Grace & Associates, *Measuring the Size and Scope of the Cooperative Economy: Results of the 2014 Global Census on Co-operatives* (United Nations' Division for Social Policy and Development, April 2014), 1.

[29] Ibid., 2.

[30] Michel Bauwens, "10 Ways to Accelerate the Peer-to-Peer and Commons Economy," shareable.net, March 4, 2019.

[31] Liza Dessin, email message to the author, July 4, 2017.

[32] "Smart en bref" [Smart in brief], Smart, smartbe.be.

[33] Dessin, email, July 4, 2017.

[34] Gar Alperovitz, *What Then Must We Do?: Straight Talk about the Next American Revolution* (Hartford, VT: Chelsea Green Publishing, 2013), 14.

[35] "Historique" [History], Smart, smartbe.be.

[36] Dessin, email, July 4, 2017.

[37] Idee in Movimento, "Associazione Rappresentanza Studentesca: 'Idee in Movimento' Università degli Studi di Perugia," Facebook page.

[38] "Servizio di consegne a domicilio a Bologna," Consegne Etiche, consegnetiche.it.

[39] Marco Lombardo, "La carta dei diritti fondamentali del lavoro digitalenel contesto urbano" [Charter of fundamental rights of digital workers], Forum Disuguaglianze Diversità [Forum on inequality and diversity], November 11, 2019, forumdisuguaglianzediversita.org.

[40] Peter S. Goodman, "Co-ops in Spain's Basque Region Soften Capitalism's Rough Edges," *New York Times*, December 29, 2020; David Herrera, "Mondragon: A For-profit Organization that Embodies Catholic Social Thought," *Review of Business* 25, no. 1 (2004): 56.

[41] Lawrence Mishel and Jori Kandra, *CEO Compensation Surged 14% in 2019 to*

$21.3 Million: CEOs Now Earn 320 Times as Much as a Typical Worker* (Washington, DC: Economic Policy Institute, 2018).

[42] Marcelo Vieta, *Workers' Self-Management in Argentina: Contesting Neo-Liberalism by Occupying Companies Creating Cooperatives, and Recuperating Autogestión* (Leiden: Brill, 2019), 517–19.

[43] Jennifer Brandel, Mara Zepeda, Astrid Scholz, and Aniyia Wiliam, "Zebras Fix What Unicorns Break," *Medium*, July 13, 2017.

[44] Cited in Jason S. Spicer, "Exceptionally Un-American? Why Co-operative Enterprises Struggle in the United States, but Scale Elsewhere," (Phddiss., Massachusetts Institute of Technology, 2018), 102. See also Alexa Gourevitch, *From Slavery to the Cooperative Commonwealth: Labor and Republican Liberty in the Nineteenth Century* (Cambridge: Cambridge University Press, 2015).

[45] "SEWA Cooperative Federation in India: Towards Self-Reliance," International Labour Organization, August 16, 2017, ilo.org.

[46] Salonie Muralidhara Hiriyur, "Designing Agricultural Platform Cooperatives with Women Farmers in Gujarat," Institute for the Cooperative Digital Economy, Research Reports, March 14, 2022.

[47] Karen Fulbright-Anderson, Patricia Auspos, and Andrea Anderson, "Community Involvement in Partnerships with Educational Institutions, Medical Centers, and Utility Companies," paper presented at the Aspen Institute Roundtable on Comprehensive Community Initiatives for the Annie E. Casey Foundation, January 2001.

[48] See the example of BlaBlacar, which is now in part owned by the French government. Chris O'Brien, "Blablacar Buys French Bus Service, Raises $114 Million," *VentureBeat*, November 12, 2018.

[49] Thomas T. M. Isaac and Michelle Williams, *Building Alternatives: The Story of India's Oldest Construction Workers' Cooperative* (New Delhi: Left-Word, 2017), 40.

4. Redefining Value

[1] Tyler Cowen, *Average Is Over: Powering America Beyond the Age of the Great Stagnation* (New York: Penguin Group, 2014), 23.

[2] Ibid.

[3] McKinsey & Company, *McKinsey on COOPERATIVES* (McKinsey & Company Industry Publications, Autumn 2012), 2.

[4] "The Cooperative Movement in Kenya," Co-operative Housing International, housinginternational.coop.

[5] John Restakis, *Humanizing the Economy: Co-operatives in the Age of Capital* (Ga-

briola Island, BC: New Society Publishers, 2010), 55–8; John Duda, "The Italian Region Where Co-ops Produce a Third of Its GDP," *Yes!*, July 5, 2016.

[6] Simon Rogers, "Bobby Kennedy on GDP: 'Measures Everything Except That Which Is Worthwhile,'" *Guardian*, May 24, 2012.

[7] Sanjay Reddy, "Facts and Values Are Entangled: Deal With It," interview by Perry G. Mehrling, Institute for New Economic Thinking, January 9, 2012, stage2.ineteconomics.org.

[8] Christian Kroll and Sebastian Pokutta, "Just a Perfect Day? Developing a Happiness Optimized Day Schedule," *Journal of Economic Psychology* 34 (2013): 215.

[9] Reddy, "Facts and Values Are Entangled."

[10] Ibid.

[11] Bryce Covert, "Putting a Price Tag on Unpaid Housework," *Forbes*, May 30, 2012. The article points out that if only domestic work were to be included in the GDP, it would have increased it by 26 percent in 2010.

[12] Tithi Bhattacharya, "What Is Social Reproduction Theory?," socialistworker.org, September 10, 2013; "Diane Coyle on the Shortcomings of GDP," December 8, 2017, in *IMF PODCASTS*, by International Monetary Fund, MP3 audio; Bob Simison, "People in Economics: Economics Agitator (Mariana Mazzucato)," *Finance and Development* 57 (2020): 48–51.

[13] "How to Restore Trust in Government" | Jason Saul | TEDx Chicago,"YouTube video, posted by TEDx Talks, August 20, 2018.

[14] Ewan Robertson, "Venezuela's Maduro Creates Social Happiness Ministry, Is Criticised by International Media," *Venezuelanalysis.com*, October 28, 2013; "Buen Vivir: The Rights of Nature in Bolivia and Ecuador," Rapid Transition Alliance, December 2, 2018, rapidtransition.org.

[15] Graham Mitchell, "meet.coop is solid and stable— I use it regularly for two hour long calls and it just works," Facebook, May 4, 2021.

[16] IKEA reference from Melissa Hoover's presentation in "Digital Co-op Fractals: Iterations, Patterns, Questions," Who Owns the World? The State of Platform Cooperativism, Platform Cooperativism Consortium conference, New York, November 7–9, 2019.

[17] Jessica Gordon Nembhard, *Collective Courage: A History of African American Cooperative Economic Thought and Practice* (University Park: Pennsylvania State University Press, 2014), 14.

[18] Robynn Cox, "Applying the Theory of Social Good to Mass Incarceration and Civil Rights," *Research on Social Work Practice* 30, no. 2 (2020):205–18.

[19] Daniel Cahill, in discussion with the author, December 17, 2020.

[20] Alison Griswold, "Dirty Work: Almost Everything that Start-Ups Get Right— and Horribly Wrong— Happened at Home-Cleaning Service Handy," *Slate*, July

24, 2015; "Occupational Employment and Wages, May 2019: 37-2012 Maids and Housekeeping Cleaners," Bureau of Labor Statistics, bls.gov.

[21] "New Home Services Platform Up & Go Shakes Up the Gig Economy by Putting Workers in Charge," Robinhood, May 10, 2017, robinhood.org;Marjorie Kelly, *Owning Our Future: The Emerging Ownership Revolution,Journeys to the Generative Economy* (Oakland: Berrett-Koehler Publishers, 2012), 16.

[22] Juliet Schor, *After the Gig: How the Sharing Economy Got Hijacked and How to Win It Back* (Oakland: University of California Press, 2020), 166.

[23] "Open Budget," Barcelona Digital City, ajuntament.barcelona.cat/digital.

[24] Ernst Hafen, "Personal Data Cooperatives— A New Data Governance Framework for Data Donations and Precision Health," in *The Ethics of Medical Data Donation*, ed. Jenny Krutzinna and Luciano Floridi (Cham:Springer, 2019).

[25] Gallup, *State of the Global Workplace* (New York: Gallup Press, 2017), 25–40

[26] Virginie Pérotin, *What Do We Really Know about Worker Co-operatives?* (Manchester: Co-operatives UK, 2021), 18–20; Ed Mayo, "The International Co-operative Alliance and Platform Co-ops: Options for the ICA to Support Platform Co-ops in Its Forward Strategy," discussion paper, International Co-operative Alliance, February 1, 2019, 15–19.

[27] Gabriel Burdín, "Are Worker-Managed Firms More Likely to Fail Than Conventional Enterprises? Evidence from Uruguay," *ILR Review* 67, no.1 (January 2014): 209–27; Erik K. Olsen, "The Relative Survival of Worker Cooperatives and Barriers to Their Creation," in *Sharing Ownership, Profits, and Decision-Making in the 21st Century*, ed. Douglas Kruse (UK:Emerald Group Publishing Limited, 2013).

[28] Bryn Glover, "What Is a Startup Cooperative Business?," startups.co.uk, May 12, 2021.

[29] Joseph Cureton, in discussion with the author, January 7, 2021.

[30] Sasha Costanza-Chock, *Design Justice: Community-Led Practices to Build the Worlds We Need* (Cambridge, MA: MIT Press, 2020), 111.

[31] Chenai Chair, "Feminist Imaginings for Fair Platforms," fairbnb.coop, May 20, 2021.

[32] Safiya Umoja Noble, *Algorithms of Oppression: How Search Engines Reinforce Racism* (New York: New York University Press, 2018), 2.

[33] Trebor Scholz, "Brazilian Recycling Workers, or Catadores, Envision a Fairer Future through a New Platform Co-op," Platform Cooperativism Consortium blog, September 3, 2018, platform.coop.

[34] Heira Hardiyanti, in discussion with the author, June 9, 2022.

[35] "The Transformation of the Cooperative Movement Massively Strengthens the Main Pillar of the Nation's Economy," news release, Coordinating Ministry for

Economic Affairs, Republic of Indonesia, July 1, 2022, ekon.go.id.

[36] "Young People and Cooperatives: A New Report Seeks to Improve Engagement between Young People and the Cooperative Movement,"International Co-operative Alliance, March 3, 2021, ica.coop.

[37] Trebor Scholz, "Platform Co-op Movement Gathers in Hong Kong for Its Global Conference," *Co-op News*, November 8, 2016, thenews.coop.

[38] Cahill, in discussion, December 17, 2020.

[39] Marjorie Kelly, *Owning Our Future: The Emerging Ownership Revolution, Journeys to the Generative Economy* (Oakland: Berrett-Koehler Publishers, 2012), 9.

[40] Co-operatives UK, *The Co-operative Economy 2018* (Manchester: Co-operatives UK, 2018).

[41] Vera Negri Zamagni, in discussion with the author, December 1, 2020.

[42] Michele Bianchi and Marcelo Vieta, "Italian Community Co-operatives Responding to Economic Crisis and State Withdrawal: A New Model for Socio-Economic Development"" (paper presented at the UNTFSSE International Conference, Geneva, June 25–6, 2019).

[43] Alexander Billet, "Spotify's Streaming Model Is Based on Exploitation," *Jacobin*, December 8, 2020.

[44] Jari Muikku, "Pro Rata and User Centric Distribution Models: A Comparative Study," *Digital Media Finland*, November 30, 2017, 9.

[45] "About," Catalytic Sound, catalyticsound.com; Andy Cush, "Meet the Experimental Musicians Who Built Their Own Streaming Service," *Pitchfork*, March 25, 2021, pitchfork.com; "Welcome!: Documentation Overview," Ampled, docs.ampled.com.

[46] Ibid.

[47] Ibid.

[48] "It's a Co-op," Resonate, resonate.coop/coop.

[49] https://resonate.coop/coop.

[50] Rich Jensen, in discussion with the author, December 14, 2020.

[51] International Cooperative Alliance, "Brazil," coops4dev.coop.

[52] Edward S. Herman and Noam Chomsky, *Manufacturing Consent: The Political Economy of the Mass Media* (New York: Pantheon Books, 1988),306.

[53] Nathan Schneider, "Broad-Based Stakeholder Ownership in Journalism: Co-ops, ESOPs, Blockchains," *Media Industries* 7, no. 2 (2020).

[54] "CIVIL— Decentralized Marketplace for Sustainable Journalism with Cofounder Matt Coolidge," YouTube video, posted by Inchained, June 12, 2018.

[55] Kate Clark, "Blockchain Media Startup Civil Is Issuing Full Refunds to All Buyers of Its Cryptocurrency," *TechCrunch*, October 16, 2018.

[56] "Ending the Civil Journey," Civil, civil.co.

[57] Pérotin, *What Do We Really Know about Worker Co-operatives?*; Mayo, "The International Co-operative Alliance and Platform Co-ops."

5. Roots of Resilience: Unions and Platform Cooperatives

[1] Riders x Derechos website, ridersxderechos.org.
[2] David O'Connell, in discussion with the author, July 28, 2021.
[3] Carmen Molinari, "You Can't Win without a Fight: Why Worker Cooperatives Are a Bad Strategy," *Organizing Work*, January 29, 2021.
[4] Ibid.
[5] Ellerman, David P. "The Legitimate Opposition at Work: The Union's Role in Large Democratic Firms," *Economic and Industrial Democracy* 9, no. 4 (November 1, 1988): 437–53.
[6] Elizabeth A. Hoffmann. "Confrontations and Compromise: Dispute Resolution at a Worker Cooperative Coal Mine," *Law and Social Inquiry* 26, no. 3 (Summer 2001): 568.
[7] Michele Bianchi and Marcelo Vieta, "Italian Community Co-Operatives Responding to Economic Crisis and State Withdrawal: A New Model for Socio-Economic Development," *SSRN Electronic Journal*, January 2019; Istituto Nazionale di Statistica, "Poverty in Italy: Year 2021," July 7, 2022, istat.it.
[8] Jamie Woodcock and Mark Graham, *The Gig Economy: A Critical Introduction* (Cambridge: Polity, 2020), 23.
[9] Ra Criscitiello, "There Is Platform-Power in a Union," *Ours to Hack and to Own: The Rise of Platform Cooperativism, A New Vision for the Future of Work and a Fairer Internet*, ed. Trebor Scholz and Nathan Schneider (New York: OR Books, 2017).
[10] Woodcock and Graham, *The Gig Economy*, 76.
[11] SEIU-UHW, "SEIU-UHW: Leading for Healthcare in California and Beyond," seiu-uhw.org/about-seiu-uhw.
[12] International Alliance of App-Based Transport Workers website, iaatw.org.
[13] Woodcock and Graham, *The Gig Economy*, 184; Bradford Gray, Dana O. Sarnak, and Jako Burgers, *Home Care by Self-Governing Nursing Teams: The Netherlands' Buurtzorg Model* (New York: The Commonwealth Fund, May 29, 2015).
[14] World Health Organization, "Ageing and Health," fact sheet, October 1, 2022, who.int.
[15] American Hospital Association, "Fact Sheet: Strengthening the Health Care Workforce," November 2021, aha.org.
[16] Ashley Kirzinger et al., *KFF/The Washington Post Frontline Health Care Workers Survey* (Washington Post/KFF Survey Project, April 6, 2021), 14–16.

[17] SEIU-UHW, "Leading for Healthcare in California and Beyond."

[18] Nithin Coca, "Nurses Join Forces with Labor Union to Launch Healthcare Platform Cooperative," shareable.net, August 21, 2017.

[19] Helen Duplessis, email message to the author.

[20] Coca, "Nurses Join Forces with Labor Union."

[21] Ibid.

[22] According to the US Bureau of Labor Statistics, the mean wage for licensed vocational nurses in the US in May 2020 was US$30.81. Bureau of Labor Statistics, "Occupational Employment and Wage Statistics, May 2020: 29-2061 Licensed Practical and Licensed Vocational Nurses," bls.gov.

[23] Gerald L. Maatman Jr. et al., "Online Health Care Job Platforms—Worker Misclassification Risks," American Staffing Agency, June 2022, americanstaffing.net.

[24] Minsun Ji, "Platform Worker Organizing," Institute for the Cooperative Digital Economy, Research Reports, December 21, 2020, 17.

[25] Independent Drivers Guild, "Benefits," driversguild.org/benefits.

[26] Erik Forman, *Top Dead Center: The Drivers Cooperative, Capitalism, and the Next Revolution* (New York: Platform Cooperativism Consortium, 2022), 32.

[27] Daryl Leeworthy, *Labour Country: Political Radicalism and Social Democracy in South Wales 1831–1985* (Cardigan, UK: Parthian Books, 2020).

[28] John Curl, *For All the People: Uncovering the Hidden History of Cooperation, Cooperative Movements, and Communalism in America* (Oakland: PM Press, 2012), 111.

[29] Victor Drury, *The Polity of the Labor Movement* (Philadelphia: Frederick Turner, 1885), 149.

[30] Nathan Schneider, *Everything for Everyone: The Radical Tradition That Is Shaping the Next Economy* (New York: PublicAffairs, 2018), 86.

[31] Jessica Gordon Nembhard, *Collective Courage: A History of African American Cooperative Economic Thought and Practice* (University Park: Pennsylvania State University Press, 2014), 51.

[32] Rebecca Lurie and Bernadette King Fitzsimons, *A Union Toolkit for Cooperative Solutions* (Community and Worker Ownership Project at the CUNY School of Labor and Union Studies, 2021).

[33] James Felton Keith, "Data Is Labor: Why We Need Data Unions," Coin-Desk, November 15, 2020, coindesk.com.

[34] Eric A. Posner and E. Glen Weyl, *Radical Markets: Uprooting Capitalism and Democracy for a Just Society* (Princeton, NJ: Princeton University Press, 2019), 205–49.

[35] Salonie Muralidhara Hiriyur, *Designing Agriculture Platform Cooperatives with Women Farmers in Gujarat* (New York: Platform Cooperativism Consortium,

2022), 7.
[36] Mirai Chatterjee, in discussion with the author, July 7, 2021.
[37] Ibid.
[38] Platform Cooperative Consortium, "The People's Disruption: Platform Co-ops for Global Challenges," conference webpage, 2017, platform.coop.
[39] Victoria Basualdo et al., *Building Workers' Power in Digital Capitalism: Old and New Labour Struggles* (Bonn: Friedrich-Ebert-Stiftung, 2021).
[40] GMB Union, "New Co-operative Puts Power Back in the Hands of Drivers," March 1, 2019, gmb.org.uk.

6. The Coming Data Democracy

[1] "Cooperativas pesqueras: Un modelo que aporta a la seguridad alimentaria," Secretariat of Agriculture and Rural Development blog, July 6, 2020, gob.mx/agricultura.
[2] Stuart Fulton and Ines Lopez (COBI), in discussion with the author, October 24, 2022.
[3] COBI, *Annual Report 2021* (Guaymas, Sonora: Comunidad y Biodiversidad A.C., 2022), cobi.org.mx.
[4] Fulton and Lopez, in discussion, October 24, 2022.
[5] Ines Lopez, email message to the author, October 24, 2022.
[6] Ines Lopez, in discussion with the author, October 24, 2022.
[7] Ibid.
[8] "About: A Grower's Data Coop— Leveling the Growing Field," GiSC website, accessed November 26, 2021, web.archive.org / web / 20220528005644/ https: / / www.gisc.coop / about.
[9] Jason Wiener || p.c., "Closing Out Cooperative Month with Kat Kuzmeskas of Shyro," medium.com, November 9, 2022.
[10] "Our Mission," CoMetrics, cometrics.com/our-mission.
[11] Bianca Wylie and Sean McDonald, "What Is a Data Trust?," Centre for International Governance Innovation, October 9, 2018, cigionline.org.
[12] Sylvie Delacroix and Neil D. Lawrence, "Bottom-Up Data Trusts: Disturbing the 'One Size Fits All' Approach to Data Governance," *International Data Privacy Law* 9, no. 4 (2019): 242.
[13] Nithin Coca, "Moeda: The Cooperative Cryptocurrency That Aims to Advance Financial Inclusion," shareable.net, December 20, 2017.
[14] Giustino Di Cecco, "V: Venture Capital for Co-operatives," in *The Co-operative Firm: Keywords*, ed. Andrea Bernardi and Salvatore Monni (Rome: Roma-TrE-Press, 2016), 153–8.

[15] Christian Buggedei and Felix Dahlke, "In Pod We Trust: Toward a Transparent Data Economy" (white paper, polypoly.coop, November 25, 2020), 9.

[16] Ibid, 36.

[17] For a discussion of this prospect see Morshed Mannan, Janis Wong, and Elettra Bietti, "Data Cooperatives in Europe: A Preliminary Investigation, " *Network Industries Quarterly* 24, no. 3 (July 2022): 12–15.

[18] Mario Tronti, "Factory and Society," *Operaismo in English* (blog), June 13, 2013, operaismoinenglish.wordpress.com.

[19] Trebor Scholz, *Uberworked and Underpaid: How Workers Are Disrupting the Digital Economy* (Cambridge: Polity, 2017), 104.

[20] Alex Pentland and Thomas Hardjono, "2. Data Cooperatives," in *Building the New Economy*, ed. Alex Pentland, Alexander Lipton, and Thomas Hardjono,MIT Press Works in Progress, April 30, 2020, wip.mitpress.mit.edu.

[21] Yakov Feygin et al., *A Data Dividend That Works: Steps Toward Building an Equitable Data Economy* (Los Angeles, Berggruen Institute, May 5, 2021), 5.

[22] Ibid., 11.

[23] Paul Wolman, "The New Deal for Energy in the United States 1930–1950," in *The Challenge of Rural Electrification: Strategies for Developing Countries*, ed. Douglas Barnes (Washington, DC: Resources for the Future, 2007), 259–92.

[24] "We Are America's Electric Cooperatives," NRECA, electric.coop/our-mission/americas-electric-cooperatives.

[25] "The Digital Services Act Package," European Commission, digital-strategy.ec.europa.eu.

[26] Te Mana Raraunga, "Principles of Māori Data Sovereignty," Brief #1(October 2018), temanararaunga.maori.nz.

[27] James Charlton, *Nothing About Us Without Us: Disability Oppression and Empowerment* (Berkeley: University of California Press, 2000).

[28] Eden Medina, *Cybernetic Revolutionaries: Technology and Politics in Allende's Chile,* reprint edition (Cambridge, MA: MIT Press, 2014).

[29] Luis Bergolla, Karen Seif, and Can Eken, "Kleros: A Socio-Legal Case Study of Decentralized Justice and Blockchain Arbitration," *Ohio State Journal on Dispute Resolution* 55 (2022).

[30] Anna Grignani et al., "Community Cooperative: A New Legal Form for Enhancing Social Capital for the Development of Renewable Energy Communities in Italy," *Energies* 14, no. 21 (January 2021): 7029.

[31] Alanna Irving, "Social.coop: A Cooperative Decentralized Social Network,"medium.com, August 28, 2017.

[32] MCameron Burgess et al., *A Rising Tide Lifts All Boats: How Mobilising Knowledge between Marine Conservation Organisations Can Support Large-Scale Marine*

Conservation Outcomes in Latin America and the Caribbean (Guaymas, Sonora: Comunidad y Biodiversidad A.C., 2022), cobi.org.mx.

[33] Quoted in Irving, "Social.Coop."

[34] Eli Zeger, "Working at the Faux-Op," *Baffler*, July 1, 2021, thebaffler.com.

[35] Holochain, "Why Holochain?," holochain.org/why-holochain.

[36] Holochain, "Projects," holochain.org/projects.

[37] Alex Pentland, Alexander Lipton, and Thomas Hardjono, *Building the New Economy: Data as Capital* (Cambridge, MA: MIT Press, 2021), 20.

[38] Ibid., 23.

[39] Isabelle Allemand, Bénédicte Brullebaut, Anne-Sophie Louis, and Emmanuel Zenou, "The Construction of Democracy in Cooperative Banks," *RIMHE: Revue Interdisciplinaire Management, Homme & Entreprise* 45, 10, no. 4 (2021): 3a–25a.

[40] Nabil Hassein, "Against Black Inclusion in Facial Recognition," *Digital Talking Drum* (blog), August 15, 2017, digitaltalkingdrum.com.

[41] Nathan Schneider, "Web3 Is the Opportunity We Have Had All Along: Innovation Amnesia and Economic Democracy" (unpublished manuscript, July 13, 2022), available at nathanschneider.info/open-work; Emmi Bevensee, Jahed Momand, and Frank Miroslav, "No Ethical Activism under Capitalism: DAOs, DeFi, and Purity Politics," Center for a Stateless Society, December 17, 2021, c4ss.org.

[42] Patrick McGinty, "There Is No Leftist Case for Crypto," Jacobin, October 22, 2022.

[43] Ryan Browne, "Web Inventor Tim Berners-Lee Wants Us to 'Ignore' Web3: 'Web3 Is Not the Web At All,'" cnbc.com, November 4, 2022.

[44] Solid website, solid.mit.edu.

[45] Dmytri Kleiner, "Counterantidisintermediation," in *Ours to Hack and to Own: The Rise of Platform Cooperativism, A New Vision for the Future of Work and a Fairer Internet*, ed. Trebor Scholz and Nathan Schneider (New York: OR Books, 2017).

7. Letter from 2035

[1] André Gorz, *Strategy for Labor: A Radical Proposal* (Boston: Beacon Press, 1967), 4–5.

Epilogue

[1] Greg Brodsky, email message to the author, November 16, 2022.

[2] Simy Joy and Priya Nair Rajeev, *Platform Co-op Markets? Insights from Kudum-*

bashree in Kerala (New York: Platform Cooperativism Consortium and the New School India China Institute, 2022).

[3] "How to Start a Platform Co-op," Co-operatives UK, uk.coop.

[4] Greg Brodsky, email message to the author, November 4, 2022.

[5] Vasilis Kostakis and Michel Bauwens, "Cooperativism in the Digital Era, or How to Form a Global Counter-economy," openDemocracy, March 6, 2017, opendemocracy.net.

[6] Drivers Cooperative, "Our Mission," drivers.coop/about-us.

[7] Kristin Toussaint, "How the Drivers Cooperative built a worker-owned alternative to Uber and Lyft," *Fast Company*, July 15, 2021, fastcompany.com.

[8] "Access-a-Ride: Ways to Do the Right Thing More Efficiently," Citizens Budget Commission, September 20, 2016, cbcny.org.

Own This! : How Platform Cooperatives Help Workers Build a Democratic Internet
© 2023 by R. Trebor Scholz
First published by Verso 2023
Through Andrew Nurnberg Associates Limited
Simplified Chinese translation copyright © (2025)
by Shanghai Translation Publishing House
ALL RIGHTS RESERVED

图字：09-2023-0803号

图书在版编目(CIP)数据

归我们！：未来经济社会的行动指南 /（德）特雷博尔·朔尔茨著；胡雪婷译. -- 上海：上海译文出版社，2025.6. --（译文坐标）. -- ISBN 978-7-5327-9846-9

Ⅰ.F113

中国国家版本馆 CIP 数据核字第 20252LY741 号

归我们！：未来经济社会的行动指南
[德]特雷博尔·朔尔茨 著　胡雪婷 译
责任编辑/薛　倩　装帧设计/胡　枫

上海译文出版社有限公司出版、发行
网址：www.yiwen.com.cn
201101　上海市闵行区号景路 159 弄 B 座
苏州市越洋印刷有限公司印刷

开本 787×1092　1/32　印张 8　插页 2　字数 147,000
2025 年 6 月第 1 版　2025 年 6 月第 1 次印刷
印数：0,001—6,000 册

ISBN 978-7-5327-9846-9
定价：45.00 元

本书中文简体字专有出版权归本社独家所有，非经本社同意不得转载、摘编或复制
如有质量问题，请与承印厂质量科联系. T: 0512-68180628

译文坐标

001
《买房让日本人幸福了吗？》

作者：[日] 榊淳司　　译者：木兰

定价：38 元　　出版时间：2022 年 7 月

公寓楼房这一钢筋混凝土结构住宅真正开始进入日本人生活是在约六十年前，而今已成为大都市的主流住宅形态。然而，随着住户的高龄化与建筑物的老朽化，越来越多的问题开始出现，甚至在你还清房贷之前它就有可能沦为废墟。此外，周而复始的房产泡沫、郊外新建公寓十年后折价一半、高层建筑的安全隐患、缺少业委会民主监督导致物业管理者肆意侵占房屋维修基金……住房如何才能使人幸福？从业三十年的日本资深房产顾问为你解读这些鲜为人知的问题，揭开房产中介绝不愿意透露的行业机密。

002
《医疗再生——日美现场报道》

作者：[日] 大木隆生　　译者：谭甜甜

定价：36 元　　出版时间：2022 年 7 月

这是一个颠覆"白色巨塔"的热血外科医生故事。

他孤身赴美，从无薪的实习医生成为年薪过亿的明星医生。

为寻回诊治同胞的心动感，他放弃高薪回国，接手了陷入绝境的母校医院外科，并在短短几年间，将日本的血管外科提升到国际先进水平。

日美医疗体系对比、医务人员过劳现状、医疗事故调查制度……"拯救医患关系"的改革从何而生？在本书中，你将倾听到世界级名医大木隆生从手术室现场发出的声音。

003
《"废除文科学部"的冲击》

作者：[日] 吉见俊哉　　译者：王京、史歌

定价：38 元　　出版时间：2022 年 7 月

2015 年，日本国内传出文部科学省要"废除大学文科学部"的消息，一石激起千层浪，引发了社会震荡。尽管最终证明只是虚惊一场，但也让不少有识之士重新审视了日本社会长期以来重理轻文的问题，其中影响力最大的莫过于前东京大学副校长、著名社会学家吉见俊哉的这部著作。

大学只是用来培养精致的利己主义者的地方吗？18 岁、35 岁、60 岁，人生三次入大学分别能学到什么？在日新月异的未来社会中，什么样的人才不会落伍？……本书将围绕上述问题逐一回答，彻底颠覆"文科无用"的社会"常识"。

004
《吸血企业——吃垮日本的妖怪》

作者：[日] 今野晴贵　　译者：王晓夏

定价：38 元　　出版时间：2022 年 7 月

在日本，人们将那些以少到让人无法规划未来的薪资和让私生活崩溃的超时劳动来压榨年轻人，并将他们"用后即弃"的不良公司称为"吸血企业"。其常见特征有：大量录用大量解雇、夸大薪资待遇、正式员工有名无实、战略性地进行职场霸凌、不支付加班费……它们不仅破坏了员工的身心健康与雇佣双方之间的信任，也向社会转嫁了成本，威胁到消费者和市场的安全，影响恶劣深远。要遏制这一现象需要全社会的共同努力。

本书是日本知名的社会学者、劳动关系专家今野晴贵的代表作，曾获 2013 年大佛次郎论坛奖和 2014 年日本劳动社会学会奖励奖。

005

《人类世的"资本论"》

作者：[日]斋藤幸平　　译者：王盈

定价：45元　　出版时间：2023年6月

85后天才经济学家斋藤幸平代表作，打破"经济增长"的魔咒，在危机时代重新发现马克思。

物种灭绝、生态污染、二氧化碳超标……现代化带来的经济增长曾许诺我们富裕，实则不断透支人类的生存资源。超富裕阶层或许还能维持奢侈，我们绝大多数平民却不得不拼命寻找活下去的方法。要在资本主义的尽头找到突破，需要回到马克思，尤其是在与生产力至上主义和欧洲中心主义诀别的马克思晚年思想中，重新发现"可持续性"和"社会平等"实现的可能性。在环境危机刻不容缓的当下，"去增长共产主义"这唯一可行的选项终于浮出水面。

006

《后工作时代》

作者：[英]菲尔·琼斯　　译者：陈广兴

定价：38元　　出版时间：2023年8月

比"狗屁工作"更可怕的，是"工作"本身的分崩离析！

从无人驾驶汽车到图像搜索，数字经济突飞猛进的背后，是少有人知的暗箱劳动——处理大量数据不是AI，而是通过网络远程接单的贫困人口。系统不再创造有发展前景的新工作机会，也不再推动生产力进步。廉价的人类劳工变成人工智能的末端，从事最枯燥重复的外包工作，还得不到正式聘用的保障。本应照亮我们世界的工具正在将我们扔进技术引发的新的蒙昧之中，并最终陷入野蛮状态。

我们是如何走到今天这一步的？如何才能阻止终极噩梦的降临？

007
《没有面目的人》

作者：[美]理查德·桑内特　　译者：周悟拿

定价：42 元　　出版时间：2023 年 11 月

讲究个人品格、相信工作的意义、不断提高技艺并成为不可替代的行家已经是上一代的传说。而在心浮气躁、只顾眼前的现代社会中，"谁需要我"成了一个受到巨大挑战的问题。现代资本主义散发着冷冰的气息，对人们的努力无动于衷。每个人都被设计成可以被替代的，也因此没有任何理由被需要。在这个让我们漂浮不定的资本主义制度中，如何找回我们对工作的掌控权？

与阿伦特、哈贝马斯齐名的公共生活研究者桑内特与你一起探讨打工人的困境与出路。

008
《日本人为什么不再被狐狸骗了？》

作者：[日]内山节　　译者：熊韵

定价：38 元　　出版时间：2024 年 10 月

过去，日本凡有狐狸栖居的地方，必然流传着许多"狐狸骗人"的故事，然而以 1965 年为界，此类故事突然销声匿迹了。这是为什么呢？

人会被狐狸骗的时代究竟是什么样的？那时的人拥有怎样的精神世界，又是如何在与自然的交流中度日？身处现代的我们也许已经无法想象了。从何时起，我们再也听不到"自然"的声音了？是"狐狸"变了，还是"人"变了？在不断拷问"为何不再被狐狸骗了"的过程中，我们得以从一般的历史学出发，深入往日的人与自然的交流史和民众的精神史，重新捕捉那些"看不见的历史"。

009

《夏娃——关于生育自由的未来》

作者：[加]克莱尔·霍恩　　译者：周悟拿

定价：45 元　　出版时间：2025 年 3 月

人造子宫，解放女性的福音，还是通往"美丽新世界"的噩梦？从生育权到生育正义，科技创新背后的伦理难题如何解决？母性与女性的角色将被如何重塑？亲子关系的纽带又将迎来怎样的挑战？

这一切，我们真的已经做好准备了吗？

入围2023年加拿大图书奖 科学写作与传播者长名单
一位法律学者对生育伦理与未来的深刻审视

010

《纳粹"骗局"与紧急状态条款》

作者：[日]长谷部恭男、石田勇治　　译者：毕梦静

定价：45 元　　出版时间：2025 年 5 月

魏玛宪法的漏洞如何铺就通往第三帝国之路？纳粹"合法确立独裁体制"的神话如何造就？用于保护国民的紧急措施权，为何屡屡变成执政者架空宪法的工具？从"例外状态"到"主权者决断论"，现代立宪主义理论的漏洞何在？

日本宪法学权威与纳粹德国研究前沿学者的跨学科巅峰对谈

打破"常识"滤镜，还原历史真相